Ursula Burckhardt

Unverhofft kommt oft

AF288162

Unverhofft kommt oft

Ursula Burckhardt

Bibliografische Information der Deutschen Nationalbibliothek: Die Deutsche Nationalbibliothek verzeichnet diese Publikation in der Deutschen Nationalbibliografie; detaillierte bibliografische Daten sind im Internet über http://dnb.dnb.de abrufbar.

2. Überarbeitete Auflage

Lektorat: Ursula Burckhardt
Weitere Mitwirkende: HaBen Medienverlag Bernd Dunski

Verlag: BoD · Books on Demand GmbH, Überseering 33, 22297 Hamburg, bod@bod.de

Druck: Libri Plureos GmbH, Friedensallee 273, 22763 Hamburg

ISBN: 978-3-7693-5463-8

Inhaltsverzeichnis

An einem Frühjahrstag 8

Bei den Waldgeistern 13

Chris im Glück 19

Die kleine Elfe Lisame 27

Die Schneerose 46

Ein Minirock in orange 49

Ein schönes Weihnachtsfest 55

Eine unverhofft schöne Begegnung 62

Erinnerungen 65

Hannah und die Elfen.. 73

Im Wartezimmer beim Arzt... 80

Tanzen ist Lebensgefühl 84

Gute Nachbarinnen 88

Von Naturgeistern und Elfen 95

Zauberblumen...126

Zum Kaffee nach Paris..131

I

AN EINEM FRÜHJAHRSTAG

Mit ihren fünfundsechzig Jahren ist Fr. Schmitt das, was man eine mit beiden Füßen im Leben stehende Frau nennt.

Ihre drei Kinder und fünf Enkel wohnen alle sehr weit weg in Großstädten. 400 km sind es zu ihnen, doch Gott sei Dank gibt es ja Telefon und Handy. Letzteres bekam sie im vergangenen Jahr zu Weihnachten von ihnen geschenkt. Zunächst noch zögerlich, dann mit großer Neugierde erlernte sie die Handhabung von selbigem. Nun werden aktuelle Bilder und Grüße hin und her geschickt in Windeseile. "Einen Brief schreiben, das macht heute keiner mehr" sagte ihr ältester Sohn zu ihr, als sie ihn darauf mal ansprach. So sei es doch viel einfacher und schneller. Man müsse mit der Zeit gehen und die Zeit des Schreibens sei.... einfach vorbei.

Es sind Pflichtanrufe die sie an ihrem Geburtstag, zu Ostern oder anderen Festtagen erreichen. Zu einem Besuch bei ihr langt es gerade noch zweimal im Jahr. Der Beruf sei stressig, man müsse viel Präsenz zeigen und wenn man frei habe, nutze man diese Freizeit zu Hause um den Garten in Schuss zu

bringen. Das Studium sei sehr anstrengend und sie seien permanent im Stress mit den Lesungen, argumentieren die Enkel ihre Fragen nach einem Wiedersehen.

Eigentlich geht's ihr recht gut. Sie bewohnt eine drei Zimmer, Küche, Bad Wohnung, hat einen Balkon zur Westseite und kommt finanziell gut über die Runden. Die Wohnung hat einen humanen Preis, den sie gut bezahlen kann. Gleich hinter dem Haus beginnen die Felder des Ortes.

Seit nunmehr fünfzehn Jahren wohnt sie hier, was ihr Zuhause geworden ist. Mit ihrem Mann, mit dem sie fünfundvierzig Jahre verheiratet war, hat sie hier gelebt und auch seinetwegen ihre Heimatstadt verlassen um hier, im Taunus zu arbeiten. Viele Menschen hat sie in dieses Haus ein und auch wieder ausziehen gesehen.

Seit einigen Monaten nun sieht sie gelegentlich von ihrem Fenster eine junge Frau im Nachbarhaus. Als diese hier

einzog, half ein kleiner Kreis junger Menschen die Möbel aus einem Kleintransporter ins Haus bringen und diese Frau, sie half tatkräftigst mit.

Frau Schmitt sah, dass die junge Frau schüchtern und scheu wirkte, aber sie war bildschön. Ihre langen dunklen Haare betonten das schmale leicht dunkle Gesicht. Sie hatte etwas Graziles, ja verletzliches in ihrem Gesicht, doch wenn man sie sah, grüßte sie jeden herzlich und freundlich.

"Nun beginnt der Naturkreislauf von vorne" dachte Frau Schmitt eines schönen Tages, als sie versonnen aus dem Fenster schaute und die ersten warmen Sonnenstrahlen auf ihr Gesicht fielen. Der Frühling steckt in den Startlöchern. Man sieht es am ersten zarten Grün im Garten und auf den Feldern. Auch die Baumspitzen zeigen schon erste Blattansätze.

Als es an ihrer Haustüre klingelte war es, als würde sie aus einem Traum gerissen. "Nanu, wer mag das denn sein, der Postbote ist doch schon durch."

Erstaunt sah sie schnell auf ihre Armbanduhr. Es war 12:20Uhr am Mittag. Sie öffnete die Haustüre und vor ihr stand.... die junge Frau von gegenüber. Sie wirkte hilflos und etwas verzweifelt als sie in guten Deutsch sagte "Entschuldigen Sie bitte, darf ich mal ihr Telefon benutzen? Ich habe mich ausgeschlossen, in unserem Haus ist niemand anwesend. Ich brauche dringend einen Schlüsseldienst, damit ich wieder in meine Wohnung komme. Übrigens, mein Name ist Maleika und wohne im Haus gegenüber. Bitte, bitte helfen Sie mir." Frau Schmitt sah in verzweifelte Augen und die Tränen rührten sie ganz tief.

Da nahm sie Maleika lächelnd an die Hand, führte sie in das Wohnzimmer und bat die junge Frau Platz zu nehmen.

"Hier ist das Telefonbuch und hier das Telefon Maleika. Ich habe gerade Tee gekocht, darf ich ihnen einen anbieten?"

Erleichtert und dankbar nahm Maleika das Angebot an "Vielen Dank, das ist sehr lieb von ihnen."

Sie blätterte noch in den Seiten des Telefonbuches als Frau Schmitt mit dem Tee kam.

"Ich möchte nicht aufdringlich sein Maleika," meinte Frau Schmitt, "aber hier um die Ecke ist eine Schlosserei. Ich kenne Edi den Chef schon viele Jahre lang und ich weiß, dass er auch zugefallene Türen wieder öffnen kann. Mir hat er auch schon einmal aus solch mieslicher Lage geholfen. Wenn Sie möchten rufe ich ihn gerne an und frage ob er Zeit hat zu ihnen zu kommen."

Frau Schmitt zauberte ein Lächeln ins Gesicht ihres Gegenübers das verriet, wie glücklich dieses wunderbare Wesen gerade war.

Vor dem Telefonat jedoch schenkte Frau Schmitt beiden Tee ein und legte ein kleines Plätzchen an den Rand des Untertellers.

Dann nahm sie den Hörer ab und rief Edi an.

Sie schilderte ihm was passiert war und erfuhr, dass gerade ein Kunde abgesagt hatte. Er könne in einer halben Stunde gerne vorbeikommen, meinte er.

Wenn man Glück und Wonne beschreiben könnte, dann sah man es im Gesicht von Maleika in diesem Moment. Überglücklich trank sie noch ihren Tee aus, bevor sie sich von Frau Schmitt, die übrigens Else heißt, verabschiedete mit einem mehrfachen "Danke, danke, vielen Dank. Das werde ich ihnen nicht vergessen."

Frau Schmitt lächelte selig und meinte kurz "Wenn sie mögen können wir gerne unsere Teestunde wiederholen!" Dann entschwand Maleika im Treppenhaus.

Welch ein netter Mensch sie ist, ich würde sie so gerne wiedersehen, sprach Frau Schmitt leise zu sich selbst.

Da ahnte und wusste sie allerdings noch nicht, welche wunderbare Freundschaft gerade ihren Anfang genommen hatte.

BEI DEN WALDGEISTERN

Vor vielen Jahren, während eines Urlaubes in Österreich besuchte ich dort mit meinem Mann die Krimmler Wasserfälle. Wir bekamen von unserem Pensionswirt ein kleines Lunchpaket mit, da der Tag mit An und Abfahrt zu den Wasserfällen bestimmt sehr lang sein würde, meinte er.

Um den Tag entsprechend gut zu nutzen, fuhren wir morgens schon sehr früh los. Am Ziel angekommen fanden wir auch prompt einen guten Parkplatz und wanderten auf den Eingangsweg zu, der sich durch einen kleinen Wald schlängelte. An der Kasse gab uns eine nette Frau noch eine kleine Informationsschrift, worin die Entstehung und die heutige Nutzung des gigantischen Wasserfalles beschrieben waren.

Endlich, nun konnte unser Abenteuer losgehen. Auf dem unteren Weg, direkt dorthin wo die Wassermassen herunterstürzten und in einem ausgespülten Sammelbecken aufgefangen wurden, standen wir, blickten nach oben, wo man nur einen Teil des Wasserfalles erahnen konnte. Wir waren gebannt von dem Tosen und der Lautstärke desselben. Einige Menschen standen nah am Geschehen, wo die Gischt der Wassertropfen ihre Gesichter und auch die Kleidung benetzten. Natürlich hatten alle ihre

Handys und Kameras an um ein Selfie mit der Naturgewalt im Hintergrund zu machen.

Mein Mann meinte nach geraumer Zeit, er würde gerne einige Etagen hochwandern um die Wasserfälle einmal von oben aus sehen zu können und zu fotografieren. Ich beschloss derweil lieber unten zu bleiben, mit meinem Block und Bleistift um abzuwarten, ob mir ein schönes Gedicht zu dem überwältigenden Naturschauspiel hier einfallen würde. Ich setzte mich auf eine nahegelegene Bank mit Blick auf die Kaskaden.

Wir verabschiedeten uns auf ein "bis später" und jeder hing seinen Gedanken und Eindrücken nach auf dem weiteren Weg.

Ich besah mir genau die Umgebung des Wasserfalles der, als er unten im Naturbecken ankommt, sich weiter in einem Fluss entlang meines Weges schlängelt. Einige Zeit saß ich am Ufer desselben mit meinem Block, konnte jedoch keinen richtigen Gedanken fassen für ein Gedicht, als es anfing sehr warm zu werden.

Welch ein Glück, dass ich direkt hinter mir ein Stück Wald hatte, in dem ein kleiner Steintisch stand, mit einer ebenfalls kleinen Bank davor. Hierher setzte ich mich, mit Blick auf den Fluss und das Tosen des nahen Wasserfalles noch in den Ohren.

Da fiel mir ein, dass es Zeit war eine Kleinigkeit zu essen und ich packte mein Butterbrot aus, welches ich morgens mitgenommen hatte.

Auf einem großen Stein, direkt am Wasserfall hatte ich einen wunderschönen Spruch des Dichters Johann Wolfgang. von Goethe gelesen, der dort eingraviert war. Er beinhaltete, dass die Seele weiterlebt in einem Kreislauf auch nach dem Tod. Genau wie das Wasser, das aus den Wolken auf die Erde fällt, verdunstet und damit einen neuen Kreislauf bildet. Mit dieser Weisheit war ich gedanklich beschäftigt, als ich ein leises Gemurmel hörte und zunächst nicht wusste, aus welcher Richtung es kam. Es wurde jedoch etwas lauter, aber vorsichtiger. Ich sah mich um, konnte jedoch zunächst niemanden ausmachen.

Dann sah ich hinter einem Baum eine rote Mütze. Ganz kurz nur, da war sie wieder weg. Hinter einem anderen Baum lugte eine gelbe Mütze hervor, auch nur ganz kurz und ich überlegte, was da wohl vor sich ging.

Auf einmal kamen einige kleine, gut aussehende Gesellen auf mich zu. Sie gingen mir körperlich nur bis zu meinen Waden, schauten mich fragend an und tuschelten dann miteinander. So ging es eine kurze Zeit und ich legte mein Brot auf den steinernen Tisch.

Neugierig kletterten sie auf den selbigen, rochen am Brot, verzogen ihre Nasen, rochen nochmal und beobachteten mich ganz genau.

Natürlich hatte ich schon mal von Naturgeistwesen gehört, aber zunächst war es mir noch etwas mulmig. Weit und breit war keine Menschenseele zu sehen.

Da baute sich der Stämmigste von ihnen vor mir auf, stemmte seine Arme in die Hüfte, wohl um mehr Eindruck zu machen und sagte zu mir: "Hallo Menschenkind. Wir freuen uns, dich heute hier begrüßen zu können. Dies ist unser Bereich im Wald, wo wir arbeiten und wirken. Der Tisch gehört ebenfalls zu unserem Inventar. Hier sitzen wir abends zusammen, wenn die Menschen wieder nach Hause fahren und Ruhe hier einkehrt. Wie gefällt er dir, unser Tisch?"

Was sollte ich sagen? Überwältigt von der netten Begrüßung stellte ich mich ihnen vor und erzählte ihnen von mir und auch von meinem Mann, der noch unterwegs war. Ich bot ihnen auch etwas von meinem Butterbrot an, doch ich wurde gleich belehrt, dass die Naturgeister dies nicht essen könnten. "Wir ernähren uns von dem, was der Wald uns gibt. Moose und Flechten, das ist unsere Speise. Im Herbst dann noch die Pilze, aber das war's auch schon fast," meinten sie. Ihre Körper seien nicht für normales Menschenessen gebaut.

Auch der Zwerg mit der roten Mütze kam jetzt etwas näher heran und musterte mich. Warum ich meine Füße in so dicke Schuhe steckte, wie groß mein Haus sei in dem ich wohne und ob der Rucksack nicht zu schwer für mich sei wollten sie wissen.

Der Wortführer erzählte mir dann von der Arbeit der Zwerge, hier an diesem schönen Ort. Seit vielen Hunderten von Jahren versuchen sie schon, die Berge mit darin wohnhaften Berggeistern zu schützen. Die Menschen rissen oftmals einfach die schönen Blumen der Bergwelt ab, um sie als Souvenir mit nach Hause zu nehmen. Achtlos und unüberlegt, meinten sie. Was sie aber noch mehr beschäftige sei der Müll, den die Menschen überall liegen ließen. Wenige sind es nur, die die Abfalleimer aufsuchen oder ihren Müll wieder mit nach Hause nehmen würden. Die Arbeit der Naturgeistwesen würde immer mehr, klärten sie mich auf.

Ich durfte alle Fragen stellen, die mir gerade einfielen und bei einigen fingen sie laut an zu lachen. Welch ein wundervoller Tag war das.

Es müssen einige Stunden ins Land gegangen sein, als ich merkte, dass es zu dämmern begann. Wie viele Informationen hatte ich durch die Naturgeistwesen bekommen. Wie sehr haben sie mich daran teilhaben lassen, dass die Menschen verantwortlicher mit der Erde umgehen müssen. Wieviel Respekt zollte ich den kleinen Helfern, die mit so viel Hingabe ihrer Arbeit nachgehen und nicht müde werden an das Gute zu glauben. Nämlich, dass Mutter Erde etwas Heiliges ist und es nicht verdient hat so respektlos behandelt zu werden, wie es viele Menschen tun. Sie schenkt uns die Natur, die Wälder, die Blumen, alles

Wachsen, quasi all das Schöne für unsere Seele und das sollten wir nicht vergessen, wenn wir wieder einen Spaziergang machen.

In diesen Stunden waren sie mir sehr ans Herz gewachsen die kleinen Wichte. Mehr noch, ich fühlte mich glücklich und gesegnet, dass ich die Gelegenheit hatte mit ihnen zu sprechen. Dieses Erlebnis werde ich nie vergessen.

CHRIS IM GLÜCK

Heute wird bestimmt ein schöner Tag. Während Chris sich im Bett noch rekelte und streckte, blinzelte die Sonne bereits durch die halb offenen Lamellen ihrer Rolladen. Was wird er wohl für mich im Gepäck haben, dieser Tag, dachte sie beim Aufstehen und zog die Rollos hoch. Ein kurzer Blick inspizierte die Umgebung.

Der Himmel wolkenlos blau, die Bäume im Grün des Spätfrühjahres. Es ist die Jahreszeit, die sie besonders liebte, den Neubeginn in der Natur. Das Entstehen neuer Blumen und Pflanzen, die erste Wärme der Sonne…. alles perfekt für einen tollen Tag.

Nach dem Frühstück schwang sie sich voller Elan aufs Fahrrad, das sie bereits seit zehn Jahren fuhr. Es war ein Erbstück von ihrer Großmutter und stets war auch liebevolle Erinnerung damit verbunden wenn Chris, die eigentlich Christine hieß, damit durch den kleinen Ort fuhr, hin zum Wochenendhäuschen, welches sie vor Jahren erworben hatte.

Wenig Verkehr war auf der Straße und die Luft fein gefüllt von Düften. Chris hatte ihren Sonnenhut angezogen. Einen Strohhut mit einer künstlichen Sonnenblume an der Seite. Sie liebte diesen Hut über alles und man musste sich wundern, dass er überhaupt noch so gut aussah. Sie hatte ihn vor langer Zeit auf einem Flohmarkt erstanden.

Ein wirklich schönes Teil, das ihre langen blonden Haare recht zur Geltung brachte. Durch den lauen Wind ging es mit wehenden Haaren und einem Lächeln im Gesicht vorbei an der Bäckerei, dem Tante Emma Laden, der einzigen Einkaufsmöglichkeit noch im Ort und dem Metzgerladen. Menschen winkten ihr zu. Sie kannten Chris und diese winkte fröhlich zurück.

Dann ging es auf einer kleinen Anliegerstraße weiter außer Orts, wo man schon die Schrebergärten sehen konnte.

Grundstück Nummer 31, dieses war der Garten von Chris. Sie stieg vom Rad, öffnete das Schloss des Gartentores und betrat ihr kleines Paradies.

Gleich am Eingang durchlief sie einen Rosenbogen, der bereits eine Vielfalt von Knospen zeigte. Chris erfreute sich bei dem Anblick und der Erwartung darauf, wieder durch den Bogen zu gehen, wenn er in voller gelber Blüte steht und sie mit seinem Duft erfreut.

Der Fliederbaum grüßte sie mit majestätischem Duft. Mit seiner lila Farbe hatte er etwas von einem Amethysten.

Der Fosythienstrauch war schon verblüht, ist aber jedes Jahr um die Osterzeit eine Freude für Augen und Seele mit seiner herrlich gelben Farbe.

Dann stand Chris vor einem kleinen Teich, in dem Goldfische schwammen. Sie hatte ihn mit einem Sonnensegel vor den Fischreihern geschützt und bisher damit Glück gehabt.

Bambus und Schilf zierten den Rand des Teiches und auf der Wasseroberfläche konnte man sehen, dass es im Sommer Seerosen hier gibt. Chris erblickte auch einige Wasserläufer auf der Oberfläche des Wassers, die geschickt auf ihren dünnen Beinchen übers Wasser liefen.

Schon stand sie vor einer kleineren Holzhütte, in der sie die Gartenmöbel aufbewahrte. Wenige nur, aber man konnte sie wegschließen. So auch den Grill für den Sommer, wenn sie abends länger im Garten blieb oder Freunde aus Unizeiten kamen und man in Erinnerungen schwelgte. Einige Gartenstühle, zwei Liegen und einen runden Klapptisch, das genügte um Besuch zu empfangen.

Ansonsten wirkte der Innenraum spärlich. Eine Eckbank mit einem kleinen Tisch davor, gerade mal Platz für 5Leute und ein kleines Buffett, wo sie das Geschirr einstellte.

Sie nahm einen Gartenstuhl mit raus vor die Hütte und beschloss, eine kleine Runde durch ihren Garten zu gehen.

Hinter der Hütte standen Apfelbäume in Blüte, es gab auch einen Mirabellenbaum. Chris hatte keine Ahnung vom Baumschneiden, doch diese beiden Bäume trugen jedes Jahr so viel Früchte, dass sie lange davon profitieren konnte.

Neben der Hütte hatte sie zwei kleinere Einfassungen mit Steinen gemacht und Gewürze eingepflanzt. Petersilie, Schnittlauch, Maggikraut, Kerbel, Majoran, Thymian und Rosmarin. Chris war stolz auf ihre Kräuter, die sie erntete und dann so verarbeitete, dass sie das ganze Jahr gute Würzmöglichkeiten für ihre Speisen hatte.

Im Internet hatte sie ein schönes Rezept gefunden um Kräutersalz selbst zu machen. Auch an Kräuteröl und Essig hat sie sich getraut. Chris war überhaupt sehr experimentierfreudig, nicht nur mit Kräutern. Sie hatte einen Töpferkurs besucht und viele schöne wundersame Gebilde, die Elfen, Trolls und andere Naturgeisterchen darstellen sollten, im Garten, in den Bäumen und an der Außenwand der Hütte verteilt. Jede Figur oder jedem Gesicht hatte sie einen eigenen Namen gegeben und da sie alleine im Garten war, sprach sie diese auch damit an. Oft musste sie dann über sich selbst lachen und bei solchem Lachen entstanden die nächsten Ideen, was sie im Kurs als Nächstes töpfern wollte.

Chris war der Meinung, die Naturgeistwesen beschützten den Garten wenn sie nicht anwesend war und trügen zu dem gutem Wachstum bei.

Im Vorbeigehen sah sie auf die Rosenrabatte. Hier gediehen immer die schönsten Rosen in allen Farben. Sie bückte sich um einige

Unkrautableger auf dem Boden zu entfernen und sah dann das bevorstehende Wachstum der Rosen. Rosen liebte sie sehr und Rosen hatten für sie was Magisches. Sie betrachtete die Rose als eine stolze Pflanze, ja eigentlich verglich sie die Rose auch mit sich. Stolz, eigen, anmutig, schön, und die Dornen, die sind wichtig, um sich gegen Verletzungen zu wehren, meinte Chris. Jetzt musste sie wieder lächeln bei dem Vergleich und doch fing sie immer an zu träumen beim Anblick der Rosen.

Noch bevor der Rosenduft da ist, werden die Sinne auf die Lavendelsträucher gelenkt, die ihren süßlich exotischen Duft verströmen und Chris unweigerlich an ihre Aufenthalte in der Provence erinnerten. Der Lavendel zog bereits Insekten in seinen Bann. Überall war ein Gebrumme und Gesumme an allen Stielen. Es schien geradezu, dass die Hummeln und Bienen die Halme als Spielplatz nutzen um zu schaukeln.

Alles war, soweit sie sehen konnte, durchaus in Ordnung und nun begab sie sich zu den zwei Tannenbäumen, die sie miteinander durch eine Hängematte verbunden hatte. Im Schatten der Bäume lag sie oft in wiegender Position, schaute durch die Baumkronen in den Himmel und dann….dann träumte sie sich in andere Sphären. Begleitet vom Gesang der vielen Vogelarten, die sich hier überall miteinander unterhielten.

Die Amseln, die jedes Jahr hier nisteten, ebenso wie die Blaumeisen. Die Vielzahl an Spatzen, die lautstark auf sich aufmerksam machen, Grünfinken hat sie hier auch schon entdeckt und sogar ein Buntspecht hatte sich mal gezeigt. Das sind die Momente in denen Chris bewusst wird, dass sie mit keinem Menschen auf der Welt tauschen möchte. Nein, hier ist sie immer die Königin ihres Paradieses. Schon als Kleinkind war sie mit der Großmutter oft hier. Diese erzählte ihr immer besondere Geschichten über die Natur und die Naturgeisterchen, welche Chris noch heute kennt.

Entspannt legte sich Chris in die Hängematte, die erst noch schaukelte, bevor sie die Ruheposition einnahm.

Chris blickte nach oben zu den Tannenwipfeln. "Welch gesegnet schöner Ort" sagte sie zu sich selbst. Sie sagte das immer wenn sie hier lag und jedes Mal glaubte sie, sie habe den Ausspruch gerade erst erfunden.

Die friedvollste Stille und Ruhe um sie herum, kein Menschenlärm, keine Autos, nichts. Einfach nur Stille und Ruhe. Unendlich guttuend.

Sie atmete einige Male tief ein und aus und lauschte nur in die Stille hinein. Loslassen, einfach loslassen. Die Hektik zu Hause, die Arbeit, einfach nur Sein, ging ihr durch den Kopf.

Total entspannt lag sie so einige Zeit und empfand eine tiefe Dankbarkeit dies alles erleben zu dürfen, als sich eine Hummel neben ihr auf der Hängematte niederließ. Sie beäugte dieses Flugtier, das mit einem herzhaften Gebrumm gerade gelandet war. Wunderschön, dachte Chris, wunderschön bist du. Sie betrachtete das Geschöpf, welches am ganzen Körper noch Spuren von gelben Pollen hatte.

Wie schön muss es sein von einer Blüte zur anderen fliegen zu können wie du. Ein Gedanke, der sie wieder lächeln ließ. Stell dir mal vor, die Menschen könnten auch fliegen, wie würde das sein? Da gäbe es die Rabiaten, denen es nicht schnell genug gehen würde, dann wären da die, die anderen einfach die Vorfahrt nähmen aber auch einige, die Rücksicht auf andere nehmen würden. Ich glaube, es ist schon alles gut so wie es ist, wie es der Schöpfer gemacht hat, gab Chris noch als Gedanken in den weiten Raum.

Überhaupt spiegelt die Schöpfung seine Liebe wider. Das Leben und Vergehen, das Blühen, die Freude in allem und sein Wirken, das sich in den Jahreszeiten immer wieder neu entfaltet.

"Oh Chris, jetzt wirst du aber sentimental" sprach sie zu sich selbst und versuchte dann in Gedanken einen Sprung in den Töpferkurs hinzubekommen. Eine Taube, ja eine Taube werde ich anfertigen, eine weiße Taube und werde sie Guru nennen. Ja, die Idee ist super, befand Chris. Vor ihren Augen sah sie Guru bereits fertig im Apfelbaum sitzen.

Über die Gedanken nickte Chris ein. Die Ruhe brachte ihr ein Riesenpaket an Kraft wieder. Sie hatte so schön geträumt, von was eigentlich?? Chris überlegte, konnte sich aber nicht mehr an alles erinnern. Es war ein schöner Traum mit neuen Ideen für ihren Garten, umrahmt von Vogelgesang der immer noch anhielt.

Nach einem Mittagskaffee in der Hütte nahm sich Chris ein Buch und setzte sich auf ihren Gartenstuhl. Sie liebte es in der Ruhe zu lesen und ihre Gedanken fliegen zu lassen.

Am späteren Abend ging sie noch mit der Gießkanne in der Hand zum nahegelegenen Bach, befüllte diese mit Wasser für ihre Blumen und goss die Pflanzen, die Wasser brauchten, denn es hatte längere Zeit nicht geregnet. Nachdem sie dann die Gartenstühle wieder in die Hütte eingestellt und die Türe verschlossen hatte, nahm sie langsam Abschied von ihrem Garten. Die Sonne versank schon langsam hinter dem nahen Berg und tauchte diesen in ein sattes Rot.

Als sie sich mit einem letzten Blick auf ihren Garten verabschiedete mit den Worten "bis zum nächsten Mal", da war ihr bewusst, dies ist der schönste Platz auf der ganzen Welt.

Ja, es war ein wunderschöner Tag heute!

DIE KLEINE ELFE LISAME

"Lisame, wo bist du denn schon wieder? Lisame, so antworte doch…"

Mutter Lisande flog aufgeregt hin und her. Sie rief aus dem Fenster ihres schönen Hauses, doch niemand antwortete. Sicherlich ist sie wieder auf den Wunderberg geflogen dachte sie noch und sah diesen in wunderbares Sonnenlicht gehüllt vor sich liegen. Sein Funkeln ist zu jeder Jahreszeit schön, aber ganz besonders schön ist er im Sommer. Wenn morgens die Sonne aufgeht wird er in ein leuchtendes Rot gehüllt. Am Tage leuchtet er in allen Farben und abends, wenn die Sonne den Tag verabschiedet glaubt man die Farben des Feuers zu erkennen.

Seit ewigen Zeiten ist dieser Berg ein geheimnisvoller Ort um den sich viele Sagen und Geschichten ranken. Diese wurden durch die Menschen von Mund zu Mund weiter gegeben. Man erzählte sich von einem Drachen der dort gewohnt haben soll, andere wollten wissen, dass es der Sitz des Königs und seiner Gemahlin der Naturgeister ist. Einige wollten schon die kuriosesten Geschöpfe dort gesehen haben.

Eilig flog Lisande in Richtung des Berges, als sie die zarte Stimme der Tochter hörte. "Hallo Mama, hier bin ich, ich komme." Lisame war eine kleine Elfe, der ganze Stolz ihrer Eltern. Ihr

Körper war von zarter Farbe, und hellschimmernd ihre Flügel. Manchmal dachte die Mutter, sie hat etwas Wunderschönes und auch Geheimnisvolles an sich, wenn sie die Tochter betrachtete.

Ja, Lisame war eine andere besondere Elfe. Während die anderen Elfenkinder schlank waren, biegsam und wendig, hatte Lisame doch einige Nachteile. Sie war…. na ja…. sie war einfach korpulenter als die anderen Elfen der Nachbarschaft und daher auch etwas behäbiger in allen Bewegungen. Die Eltern hatten sich daran gewöhnt, aber die kleinen Nachbarelfen machten sich oft über Lisame lustig. Sehr zum Leidwesen der Mama, die bereits viele Tränen deshalb vergossen hatte, aber keine Lösung für Lisame fand.

Ganz schlimm war es im Elfenkindergarten, als die ersten Elfenkinder begannen über ihre Figur zu spotten. Später in der Schulzeit ging es damit weiter. Lisame war oft traurig darüber, denn sie wollte nur zu gerne mit den Kindern spielen. Irgendwie war sie aber immer etwas zu langsam. Beim Wettfliegen, beim Fangenspielen oder beim Honigsammeln. Lisame war immer einen Tick zu langsam in den Augen der anderen Elfenkinder.

So zog sie sich langsam und auch traurig immer etwas mehr zurück. Sie flog, meist alleine, durch die blühenden Rapsfelder, über die Streuobstwiesen in den nahegelegenen Wald. Hier lernte sie viel über die Bewohner des Waldes. Das Reh mit seinem Kitz, die sich immer riesig freuten Lisame zu sehen. Der Auerhahn, der lautstark zu schreien anfing, wenn er sie sah. Sie kannte die Familie des Fuchses, der in einer großen Höhle im Wald wohnte.

Sie lernte die Bienen, Hummeln, Schmetterlinge kennen, genau wie Hasen, Mäuse und die vielen Vögel, die hier ihre Nester in die Baumwipfel bauten.

Besonders sie hatten es Lisame angetan, die die Nester in den Höhen der Bäume besuchte und sich mit ihnen über Nachwuchs riesig freute.

Die Tiere des Waldes kannten Lisame sehr gut. Sie wussten um das Problem, das auf Lisame lastete. Aber sie wussten auch, dass in diesem Körper eine wunderbare zarte Seele wohnte. Lisame galt allgemein als sehr klug, belesen, hilfsbereit und neugierig. Was sie von den Tieren erfuhr, erzählte sie den Eltern zu Hause. Manchmal mit roten Backen und leuchtenden Augen vor lauter Aufregung.

An manchen Tagen aber saß sie alleine auf einem Halm der Blumenwiese oder auf dem Ast eines Baumes und fühlte sich sehr einsam. Sie spürte, dass ihr etwas fehlte, obwohl sie einen riesigen Bekanntenkreis hatte. Dann legte sich eine Schwere auf ihre Seele und es kullerten auch einige Tränen über ihr schönes Kleid.

"Was soll ich denn nur machen, was denn?". fragte sie sich dann oft. Für die anderen

Elfenkinder bin ich zu dick, für viele Spiele zu schwer. Sie hänseln mich und wollen mich nicht mitspielen lassen. Wenn ich nur wüsste, was ich anders machen kann.

So vergingen einige Jahre. Lisame wuchs heran und hatte den Wunderberg für sich und ihre Ausflüge entdeckt. Hier fühlte sie sich rundum wohl. Wenn sie hier war, sprach sie in Selbstgesprächen mit der Sonne, sprach sie mit dem Wind, den sie zwar nicht sah, aber sanft an sich spürte. Sie fühlte die Regentropfen und sah die herrlichen Regenbogenfarben in ihnen.

Hier begab es sich auch, dass Lisame an einem schönen Sommertag eine Erfahrung machte, die ihr Leben veränderte.

Frühmorgens war sie schon unterwegs zum Berg, der zu brennen schien. Glutrot wurde er durch die Sonne gefärbt und Lisame freute sich, die ihr bekannten Plätze aufzusuchen. Eine blühende Wiese suchte sie sich aus, mit den schönsten Blumen die sie kannte. Die Ruhe hier tat ihr gut und sie wippte auf einer Margeritenblüte hin und her die der Wind sanft wog, als plötzlich eine Stimme zu ihr sprach.

„Na na na.. mal nicht so dolle schaukeln, da wird einem ja ganz schwindelig im Kopf".

Erstaunt sah Lisame unter der Blüte auf dem Boden einen großen Grashüpfer sitzen, der den Kopf schüttelte und sie dann ansah.

"Komm doch etwas zu mir in den Schatten, dann können wir miteinander erzählen wenn du willst. Ich bin Heri der Grashüpfer und wer bist du?"

"Lisame" kam das Wort leise aus ihrem Hals.
"Ich bin…. ja, ich bin eine Elfe".

"Klar, das sehe ich ja und was machst du hier so alleine?"

Lisame flog langsam zu Heri hinab und landete gleich neben ihm.

"Gar nichts, ich tu einfach gar nichts. Ich schau mir alles in Ruhe an und erfreue mich daran. "

Heri musterte Lisame, der das nicht entging.
"Und was machst du hier so den ganzen Tag? Ich meine, du bist ein Grashüpfer, was machst du denn so?"

Heri lachte laut und erklärte ihr dann, dass er auf der Suche nach Blättern sei, weil er doch eine Familie zu ernähren habe. Dann klärte er Lisame über die Familie auf. Seine Großeltern leben noch bei ihm und seiner Frau. Die vielen Kinder machten einen Riesenspaß und er wolle ihnen beibringen, was essbar sei und was nicht. Allerdings seien die Kinder momentan in der Schule, aber wenn sie mittags zu Hause seien, habe er alle Hände voll zu tun sie zu beschäftigen.

Lisame hörte sich geduldig seine Geschichte an. Er ist ein treusorgender Vater dachte sie und sicherlich sind die Kinder sehr lustig, wie er.

Dann wollte Heri wissen "Lisame, was machst du denn wenn du nicht gerade hier rumfliegst oder schaukelst?"

Lisame wurde etwas traurig und dann traute sie sich Heri von ihrem Problem zu erzählen. "Weißt du, es ist nicht allzu viel was ich machen kann. Die Elfenkinder wollen nicht mit mir spielen, obwohl ich viel Spaß dabei habe. Sie hänseln mich wegen meiner Figur und deshalb habe ich auch keine Lust mich ihnen anzuschließen. So bleibe ich lieber alleine. "

Heri bemerkte, dass Lisame betrübt wurde und meinte dann "Ach Lisame. Jedes Wesen kann etwas und hat einen Auftrag damit etwas zum Großen Ganzen beizutragen. Vielleicht hast du die Kraft noch gar nicht entdeckt die in dir steckt. Lass uns doch mal gemeinsam überlegen, was wir machen können um das Geheimnis zu entdecken."

Lisame sah Heri an und musste doch etwas lächeln. Was sollte das schon für ein Geheimnis sein, dass sie selbst noch nicht entdeckt hatte. Da war bestimmt nichts Verstecktes in ihr. Doch Heri ließ nicht locker und lud Lisame zu seiner Familie ein.

Heris Gemahlin war sehr erfreut eine Elfe kennenzulernen und schon bald nach der Begrüßung kamen auch schon die Grashüpferkinder aus der Schule. Welch ein Trubel. Laut lachend und wild durcheinander redend liefen sie auf die Mutter zu um ihr mitzuteilen, was sich alles ereignet hat in der Schule. Die Mutter lächelte mild und verständnisvoll, bevor sie ein lauteres Machtwort sprach und die Kleinen zur Ruhe brachte. Nun saßen sie alle um einen Tisch herum und Lisame wurde ihnen vorgestellt. Dann meinte die Mutter "Kinder, singt doch mal das schöne Lied der Blumen für Lisame, unseren heutigen Gast. Es klingt immer sehr schön, wenn ihr es singt."

Mit roten Backen und voller Begeisterung sangen die Kleinen dann ein wunderschönes Lied über das Wachsen und Blühen der Blumen in der Natur. Welch schöne Stimmen sie haben, dachte Lisame noch und beim letzten Refrain animierte die Grashüpfermutter Lisame mitzusingen, was sie auch tat.

Welch ein schönes Gefühl war das Singen stellte Lisame fest. Die Melodie zog sie fort, gedanklich auf eine üppig blühende Wiese. Sie sah sie förmlich vor ihrem Auge und hätte gerne noch weitergesungen, als sich die beiden Grashüpfereltern verblüfft ansahen. Was war passiert?

Lisame sang ohne Befremden und so frei wie ein Vogel den Refrain und hatte dabei eine glockenklare Stimme. Welch ein heller klarer Klang war das.

Heri hatte sich als erster gefasst und sah Lisame ernst an. "Hast du schon einmal gesungen, ich meine in einem Chor? Du hast eine beachtlich schöne Stimme, da sollte was Großes draus werden" meinte er an sie gewandt.

Lisame wurde tatsächlich rot und etwas unsicher. Nein, das war ihr neu. Ihre Stimme, sie hatte eigentlich noch nie darauf geachtet. Und nun sagt ihr jemand, ihre Stimme sei wunderschön?

"Lisame ich sage dir ganz ehrlich, konzentriere dich auf deine Stimme. Sie ist dein Geschenk, deine Gabe mit der du Freude in die Welt bringen kannst."

Lange brauchte Lisame um diesen schönen Tag zu begreifen. Ihre Stimme solle etwas erreichen durch Singen?

Am Abend beim gemeinsamen Essen mit den Eltern erzählte Lisame von ihrer Begegnung an diesem Tag. Die Eltern sahen sich verwundert an und die Mutter meinte "na ja, dass die Stimme schön und klar ist weiß ich. Vielleicht hätten wir dich schon eher fördern sollen Lisame. Aber es ist ja noch nichts zu spät. Lass uns doch gleich morgen beginnen mit dem Singen. Ich bringe dir gerne Lieder bei und dann werden wir sehen."

Gesagt, getan. Ab diesem Zeitpunkt wurde jeden Tag gesungen. Oft saß Lisame auf einem Baum oder einer Blume und übte die Texte und den Klang der Stimme. Darauf wurden auch die Tiere des Waldes und die Elfenkinder um sie herum aufmerksam. Es wurde getuschelt und gelauscht.

Die Wesen die Lisame singen hörten waren wie verzaubert, wenn der Schall durch den Wind getragen wurde und respektvoll nickten sie sich zu.

Lisame bekam von all dem um sie herum nicht viel mit. Sie war vom Ehrgeiz gepackt und übte, übte, übte sehr lange jeden Tag. Dabei erfand sie auch eigene Melodien und Texte, was ihr oft ein Lächeln ins Gesicht zauberte.

Nach und nach kamen die Nachbarkinder zu ihr und baten ein Lied für sie zu singen. Einige entschuldigten sich für ihr Fehlverhalten und meinten es würde ihnen leid tun, dass sie sie derart behandelt hätten. Einige boten ihr die Freundschaft an, aber alle waren begeistert von dem Singtalent.

Innerhalb kurzer Zeit wurde Lisame eine begehrte und sehr bekannte Sängerin die an ihren Aufgaben wuchs. Sie sang und sang und sang auf Hochzeiten, zu Geburtstagen, zu Taufen und vielen Jahrestagen. Lisame hatte sich einen Namen gemacht und in ihr war eine große Freude und Dankbarkeit für dieses Geschenk.

Heri und seine Familie waren ihr enge Freunde geworden und Lisame hat seine Worte noch immer im Ohr. "Suche, suche und entdecke deine Fähigkeiten die du mitbekommen hast. Mach was aus ihnen, sie dienen dem Großen Ganzen, dessen Teil du auch bist. Lass dich

durch nichts und niemanden jemals von deinem Weg abbringen oder deine Talente schlecht reden. Sei immer du selbst und steh zu dir. Es gibt immer welche die mehr sind, besser sind und schöner singen können als du, deshalb bleib in deiner Mitte, so ist es gut."

An diese Worte dachte Lisame beim Rückflug vom Berg als sie die Mutter sah, die sie suchte und sie freute sich sehr auf der bevorstehenden Feier zu Ehren des Königs der Naturgeister, König Oberon singen zu dürfen.

"Lisame, wo bist du denn schon wieder? Lisame, so antworte doch…"

Mutter Lisande flog aufgeregt hin und her. Sie rief aus dem Fenster ihres schönen Hauses, doch niemand antwortete. Sicherlich ist sie wieder auf den Wunderberg geflogen dachte sie noch und sah diesen in wunderbares Sonnenlicht gehüllt vor sich liegen. Sein Funkeln ist zu jeder Jahreszeit schön, aber ganz besonders schön ist er im Sommer. Wenn morgens die Sonne aufgeht wird er in ein leuchtendes Rot gehüllt. Am Tage leuchtet er in allen Farben und abends, wenn die Sonne den Tag verabschiedet glaubt man die Farben des Feuers zu erkennen.

Seit ewigen Zeiten ist dieser Berg ein geheimnisvoller Ort um den sich viele Sagen und Geschichten ranken. Diese wurden durch die Menschen von Mund zu Mund weiter gegeben. Man erzählte sich von einem Drachen der dort gewohnt haben soll, andere wollten wissen, dass es der Sitz des Königs und seiner Gemahlin der

Naturgeister ist. Einige wollten schon die kuriosesten Geschöpfe dort gesehen haben.

Eilig flog Lisande in Richtung des Berges, als sie die zarte Stimme der Tochter hörte. "Hallo Mama, hier bin ich, ich komme." Lisame war eine kleine Elfe, der ganze Stolz ihrer Eltern. Ihr Körper war von zarter Farbe, und hellschimmernd ihre Flügel. Manchmal dachte die Mutter, sie hat etwas Wunderschönes und auch Geheimnisvolles an sich, wenn sie die Tochter betrachtete.

Ja, Lisame war eine andere besondere Elfe. Während die anderen Elfenkinder schlank waren, biegsam und wendig, hatte Lisame doch einige Nachteile. Sie war…. na ja…. sie war einfach korpulenter als die anderen Elfen der Nachbarschaft und daher auch etwas behäbiger in allen Bewegungen. Die Eltern hatten sich daran gewöhnt, aber die kleinen Nachbarelfen machten sich oft über Lisame lustig. Sehr zum Leidwesen der Mama, die bereits viele Tränen deshalb vergossen hatte, aber keine Lösung für Lisame fand.

Ganz schlimm war es im Elfenkindergarten, als die ersten Elfenkinder begannen über ihre Figur zu spotten. Später in der Schulzeit ging es damit weiter. Lisame war oft traurig darüber, denn sie wollte nur zu gerne mit den Kindern spielen. Irgendwie war sie aber immer etwas zu langsam. Beim Wettfliegen, beim Fangenspielen oder beim Honigsammeln. Lisame war immer einen Tick zu langsam in den Augen der anderen Elfenkinder.

So zog sie sich langsam und auch traurig immer etwas mehr zurück. Sie flog, meist alleine, durch die blühenden Rapsfelder, über die Streuobstwiesen in den nahegelegenen Wald. Hier lernte sie viel über die Bewohner des Waldes. Das Reh mit seinem Kitz, die sich immer riesig freuten Lisame zu sehen. Der Auerhahn, der lautstark zu schreien anfing, wenn er sie sah. Sie kannte die Familie des Fuchses, der in einer großen Höhle im Wald wohnte.

Sie lernte die Bienen, Hummeln, Schmetterlinge kennen, genau wie die Hasen, Mäuse und die vielen Vögel, die hier ihre Nester in die Baumwipfel bauten.

Besonders sie hatten es Lisame angetan, die die Nester in den Höhen der Bäume besuchte und sich mit ihnen über Nachwuchs riesig freute.

Die Tiere des Waldes kannten Lisame sehr gut. Sie wussten um das Problem, das auf Lisame lastete. Aber sie wussten auch, dass in diesem Körper eine wunderbare zarte Seele wohnte. Lisame galt allgemein als sehr klug, belesen, hilfsbereit und neugierig. Was sie von den Tieren erfuhr, erzählte sie den Eltern zu Hause. Manchmal mit roten Backen und leuchtenden Augen vor lauter Aufregung.

An manchen Tagen aber saß sie alleine auf einem Halm der Blumenwiese oder auf dem Ast eines Baumes und fühlte sich sehr einsam. Sie spürte, dass ihr etwas fehlte, obwohl sie einen riesigen

Bekanntenkreis hatte. Dann legte sich eine Schwere auf ihre Seele und es flossen auch einige Tränen über ihr schönes Kleid.

"Was soll ich denn nur machen, was denn?". fragte sie sich dann oft. Für die anderen Elfenkinder bin ich zu dick, für viele Spiele zu schwer. Sie hänseln mich und wollen mich nicht mitspielen lassen. Wenn ich nur wüsste, was ich anders machen könnte.

So vergingen einige Jahre. Lisame wuchs heran und hatte den Wunderberg für sich und ihre Ausflüge entdeckt. Hier fühlte sie sich rundum wohl. Wenn sie hier war, sprach sie in Selbstgesprächen mit der Sonne, sprach sie mit dem Wind, den sie zwar nicht sah, aber sanft an sich spürte. Sie fühlte die Regentropfen und sah die herrlichen Regenbogenfarben in ihnen.

Hier begab es sich auch, dass Lisame an einem schönen Sommertag eine Erfahrung machte, die ihr Leben veränderte.

Frühmorgens war sie schon unterwegs zum Berg, der zu brennen schien. Glutrot wurde er durch die Sonne gefärbt und Lisame freute sich, ihre bekannten Plätze dort aufzusuchen. Eine blühende Wiese suchte sie sich aus, mit den schönsten Blumen die sie kannte. Die Ruhe hier tat ihr gut und sie wippte auf einer Margaritenblüte hin und her die der Wind sanft wog, als plötzlich eine Stimme zu ihr sprach.

„Na na na.. mal nicht so dolle schaukeln, da wird einem ja ganz schwindelig im Kopf".

Erstaunt sah Lisame unter der Blüte auf dem Boden einen großen Grashüpfer sitzen, der den Kopf schüttelte und sie dann ansah.

"Komm doch etwas zu mir in den Schatten, dann können wir miteinander erzählen wenn du willst. Ich bin Heri der Grashüpfer und wer bist du?"

"Lisame" kam das Wort leise aus ihrem Hals. "Ich bin…. ja, ich bin eine Elfe".

"Klar, das sehe ich ja und was machst du hier so alleine?"

Lisame flog langsam zu Heri hinab und landete gleich neben ihm.

"Gar nichts, ich tu einfach gar nichts. Ich schau mir alles in Ruhe an und erfreue mich daran. "

Heri musterte Lisame, der das nicht entging. "Und was machst du hier so den ganzen Tag? Ich meine, du bist ein Grashüpfer, was machst du denn so?"

Heri lachte laut und erklärte ihr dann, dass er auf der Suche nach Blättern sei, weil er auch noch eine Familie zu ernähren habe. Dann klärte er Lisame über die Familie auf. Seine Großeltern leben noch bei ihm und seiner Frau. Die vielen Kinder machten einen Riesenspaß und er wolle ihnen beibringen, was essbar sei und was nicht. Allerdings seien die Kinder momentan in der Schule, aber wenn sie mittags zu Hause seien, habe er alle Hände voll zu tun sie zu beschäftigen.

Lisame hörte sich geduldig seine Geschichte an. Er ist ein treusorgender Vater dachte sie und sicherlich sind die Kinder sehr lustig, wie er.

Dann wollte Heri wissen "Lisame, was machst du denn wenn du nicht gerade hier rumfliegst oder schaukelst?"

Lisame wurde etwas traurig und dann traute sie sich Heri von ihrem Problem zu erzählen. "Weißt du, es ist nicht allzu viel was ich machen kann. Die Elfenkinder wollen nicht mit mir spielen, obwohl ich viel Spaß dabei habe. Sie hänseln mich wegen meiner Figur und deshalb habe ich auch keine Lust mich ihnen anzuschließen. So bleibe ich lieber alleine. "

Heri bemerkte, dass Lisame betrübt wurde und meinte dann "Ach Lisame. Jedes Wesen kann etwas und hat einen Auftrag damit etwas zum Großen Ganzen beizutragen. Vielleicht hast du die Kraft noch gar nicht entdeckt die in dir steckt. Lass uns doch mal gemeinsam überlegen, was wir machen können um das Geheimnis zu entdecken."

Lisame sah Heri an und musste doch etwas lächeln. Was sollte das schon für ein Geheimnis sein, dass sie selbst noch nicht entdeckt hatte. Da war bestimmt nichts Verstecktes in ihr. Doch Heri ließ nicht locker und lud Lisame zu seiner Familie ein.

Heris Gemahlin war sehr erfreut eine Elfe kennenzulernen und schon bald nach der Begrüßung kamen auch schon die Grashüpferkinder aus der Schule. Welch ein Trubel. Laut lachend und wild durcheinander redend liefen sie auf die Mutter zu um ihr mitzuteilen, was sich alles ereignet hat in der Schule. Die Mutter lächelte mild und verständnisvoll, bevor sie ein lauteres Machtwort sprach und die Kleinen zur Ruhe brachte. Nun saßen sie alle um einen Tisch herum und Lisame wurde ihnen vorgestellt. Dann meinte die Mutter "Kinder, singt doch mal das schöne Lied der Blumen für Lisame, unseren heutigen Gast. Es klingt immer sehr schön, wenn ihr es singt."

Mit roten Backen und voller Begeisterung sangen die Kleinen dann ein wunderschönes Lied über das Wachsen und Blühen der Blumen in der Natur. Welch schöne Stimmen sie haben dachte Lisame noch und beim letzten Refrain animierte die Grashüpfermutter Lisame doch mitzusingen, was sie auch tat.

Welch ein schönes Gefühl war das Singen stellte Lisame fest. Die Melodie zog sie fort, gedanklich auf eine üppig blühende Wiese. Sie sah sie förmlich vor ihrem Auge und hätte gerne noch weitergesungen, als sich die beiden Grashüpfereltern verblüfft ansahen. Was war passiert?

Lisame sang ohne Befremden und so frei wie ein Vogel den Refrain und hatte dabei eine glockenklare Stimme. Welch ein heller klarer Klang war das.

Heri hatte sich als erster gefasst und sah Lisame ernst an. "Hast du schon einmal gesungen, ich meine in einem Chor? Du hast eine beachtlich schöne Stimme, da sollte was Großes draus werden" meinte er an sie gewandt.

Lisame wurde tatsächlich rot und etwas unsicher. Nein, das war ihr neu. Ihre Stimme, sie hatte eigentlich noch nie darauf geachtet. Und nun sagt ihr jemand, ihre Stimme sei wunderschön?

"Lisame ich sage dir ganz ehrlich, konzentriere dich auf deine Stimme. Sie ist dein Geschenk, deine Gabe mit der du Freude in die Welt bringen kannst."

Lange brauchte Lisame um diesen schönen Tag zu begreifen. Ihre Stimme solle etwas erreichen durch Singen?

Am Abend beim gemeinsamen Essen mit den Eltern erzählte Lisame von ihrer Begegnung an diesem Tag. Die Eltern sahen sich verwundert an und die Mutter meinte "na ja, dass die Stimme schön und klar ist weiß ich. Vielleicht hätten wir dich schon eher fördern sollen Lisame. Aber es ist ja noch nichts zu spät. Lass uns doch gleich morgen beginnen mit dem Singen. Ich bringe dir gerne Lieder bei und dann werden wir sehen."

Gesagt, getan. Ab diesem Zeitpunkt wurde jeden Tag gesungen. Oft saß Lisame auf einem Baum oder einer Blume und übte die Texte und den Klang der Stimme. Darauf wurden auch die Tiere des Waldes und die Elfenkinder um sie herum aufmerksam. Es wurde getuschelt und gelauscht. Die Wesen die Lisame singen hörten waren wie verzaubert, wenn der Schall durch den Wind getragen wurde und respektvoll nickten sie sich zu.

Lisame bekam von all dem um sie herum nicht viel mit. Sie war vom Ehrgeiz gepackt und übte, übte, übte sehr lange jeden Tag. Dabei erfand sie auch eigene Melodien und Texte, was ihr oft ein Lächeln ins Gesicht zauberte.

Nach und nach kamen die Nachbarkinder zu ihr und baten ein Lied für sie zu singen. Einige entschuldigten sich für ihr Fehlverhalten und meinten es würde ihnen leid tun, dass sie sie derart behandelt hätten. Einige boten ihr die Freundschaft an, aber alle waren begeistert von dem Singtalent.

Innerhalb kurzer Zeit wurde Lisame eine begehrte und sehr bekannte Sängerin die an ihren Aufgaben wuchs. Sie sang und sang und sang auf Hochzeiten, zu Geburtstagen, zu Taufen und vielen Jahrestagen. Lisame hatte sich einen Namen gemacht und in ihr war eine große Freude und Dankbarkeit für dieses Geschenk.

Heri und seine Familie waren ihr enge Freunde geworden und Lisame hat seine Worte noch immer im Ohr. "Suche, suche und entdecke deine

Fähigkeiten die du mitbekommen hast. Mach was aus ihnen, sie dienen dem Großen Ganzen, dessen Teil du auch bist. Lass dich

durch nichts und niemanden jemals von deinem Weg abbringen oder deine Talente schlecht reden. Sei immer du selbst und steh zu dir. Es gibt immer welche die mehr sind, besser sind und schöner singen können als du, deshalb bleib in deiner Mitte, so ist es gut."

An diese Worte dachte Lisame beim Rückflug vom Berg als sie die Mutter sah, die sie suchte und sie freute sich sehr auf der bevorstehenden Feier zu Ehren des Königs der Naturgeister, König Oberon singen zu dürfen.

DIE SCHNEEROSE

Auf dem weit entfernt liegenden Planeten Sirius gibt es eine Beobachtungsstaffel von Engeln und Naturgeistwesen für unsere Erde. Sie halten stets im Auge, wie der Mensch mit der Natur umgeht, was er für sie tut und wo Gefahren drohen könnten. Sie beobachten die Regenwälder, die Flusstäler der Welt, die Berge, aber auch die Gärten der Menschen.

Der oberste Chef dieser Abteilung ist der Engel Wendelinus. Er weiht alle neuen Engel in die Wissenschaft ein und schaut auch täglich wie sie ihre Arbeiten verrichten. Der Schöpfer ist sehr stolz auf ihn, denn er weiß mit wieviel Liebe Wendelinus seine Arbeit tut. Er schätzt seine Ehrlichkeit und auch seinen Humor bei den wöchentlichen Treffen und im Austausch der Neuigkeiten.

Diese helfenden Wesen verständigen sich per Gedanken, das heißt, es braucht nicht gesprochen zu werden, man denkt und gibt so die Gedanken weiter, die dann derjenige empfängt, für den sie bestimmt sind. So ist dieser Arbeitsplatz auch sehr ruhig.

An einem Spätherbsttag auf der Erde schaute Wendelinus sich die Gärten der Menschen an. Die meisten hatten bereits die Bäume und Büsche geschnitten, die Rasen gemäht und viele

Pflanzen die geschützt werden müssen in Sicherheit gebracht, in die Keller oder die Gartenhäuser.

Mit Wohlwollen und Freude schaute Wendelinus auf die Arbeiten, als er auf einmal etwas Kurioses sah. Ja....was war denn das? Da hatte der Mensch vergessen eine wunderschöne Rose zurückzuschneiden, obwohl es in die kalte Jahreszeit zu ging. Diese Rose erfüllte sein Herz durch ihre Farbe. In einem wunderschönen Rot stand sie dort alleine in einem Gartenbeet. Gerade so, als geniere sie sich, sich zu entfalten. Wendelinus hatte keine Worte und keine Idee was er tun sollte. So beantragte er ein Gespräch mit dem Schöpfer. Er zeigte ihm diese wunderschöne Rose, die sich im Wind wiegte und auch dem Regen trotzte. "Sie ist wahrlich wunderschön und scheint dazu noch sehr stolz zu sein", befand der Schöpfer und meinte, er wolle dieser Rose einige gute Gedanken schicken, sich vielleicht noch zu entfalten.

Gesagt getan! Er schickte der roten Rose einen göttlichen Gedanken. Wenn sie sich noch entfalten wolle, dann möge sie bald damit beginnen, denn sie sei sehr schön und könne noch das Herz der Menschen erreichen wenn sie jetzt blühe. Damit hätte sie ihren Erdenauftrag gut erfüllt.

Die Rose im Garten wiegte sich hin und her im Wind und fühlte eine große Liebe die sich in sie ergoss und sie erfüllte. Ja, es war gerade so, als

würde der Wille in ihr erwachen sich emporzu-
strecken, auszudehnen und ihrer Blütenfülle Platz
geben zu wollen.

Aber das war gar nicht so einfach wie gedacht.

In den nächsten Tagen schien noch die Sonne
des Spätherbstes und erwärmte die noch ge-
schlossene Blüte. Auf einmal öffnete diese sich
und offenbarte eine Farbenpracht, die ihresglei-
chen suchte.

Entzückt beobachteten Wendelinus und der
Schöpfer dieses Spektakel von ihrer Warte aus.
Der Schöpfer war so fasziniert von der Farbe
und dem Mut der Rose, dass er vor Freude feste
mit der Hand auf den Tisch klopfte und dabei an
die Tastatur der Wetterstation stieß. Schlagartig
fing es auf der Erde an zu schneien und die rote
Rose, gerade noch offen, versuchte irritiert
schnell die Blüten zu schließen um sich zu schüt-
zen.

Gott sei Dank konnte der Lapsus schnell beho-
ben werden. Es war ein kurzer Schneeschauer
und die Menschen sahen verwundert zum Him-
mel auf. Ich habe gesehen, wie sich der Schnee
als weiße Mütze auf die Blüte der Rose legte. Der
Moment hatte etwas Magisches. Ich stand näm-
lich gerade mit einer Kamera in der Hand in mei-
nem Garten, neben der wunderschönen Rose
und konnte dieses Bild festhalten.

EIN MINIROCK IN ORANGE

Wir schreiben das Jahr 1969. Ich bin 14Jahre alt und besuche die Realschule einer Kleinstadt in der Nähe von Trier. Meine Eltern sind beide berufstätig und bezahlen ein Häuschen ab in dem wir wohnen, getreu dem Motto "Klein aber mein". Der angrenzende Garten mit Obstbäumen wird liebevoll gepflegt und angebaut wird alles, was man zum Leben braucht. Das ist die Aufgabe meines Vaters, wenn er abends von seiner Arbeit nach Hause kommt. Meine Mutter arbeitet in ihrem erlernten Beruf. Zu ihren Aufgaben gehört noch die Haushaltsführung und die Koordination der Kinder.

Eigentlich passierte nicht viel Aufregendes in dieser Zeit hier am Ort oder zu Hause, denn als Kinder liefen wir einfach mit in der Familie. Wir mussten nur funktionieren.

Alles ging seinen geregelten Gang. Morgens früh aufstehen, zur Schule fahren mit dem Fahrrad, mittags nach Hause kommen, essen, Schularbeiten machen, im Haushalt mitarbeiten und abends nach dem Abendessen Schuhe putzen, Kleidung herrichten für den nächsten Tag, eine kleine Runde noch mit dem Fahrrad drehen und bei Zeiten wieder ins Bett gehen.

Der Alltag der Menschen und besonders die Wochenenden waren geprägt durch die sehr konservative katholische Lehre der Kirche und die Nähe zum Bischofssitz in Trier. Neben dem Lehrer war es der Pastor, der die Gemeinde sehr im Blick hatte und sie mit ehrgeizigem, eisernem Griff führte.

Jeden Sonntag mussten wir Kinder die heilige Messe besuchen, strikt getrennt nach weiblich auf der linken Seite der Kirche und männlich auf der rechten Seite sitzend, öfter im Monat zur Beichte gehen und alles tun um beim Pfarrer nicht anzuecken. Vieles war sehr konservativ, verstaubt und veraltet und unverständlich für uns.

Das merkten wir zwar als Jugendliche, aber es dauerte noch kurze Zeit, bis wir uns gegen vieles auflehnten.

Ich bekam von meinen Eltern ein monatliches Taschengeld, das ich für "meine Wünsche und Bedürfnisse" einsetzen sollte und konnte.

Einige meiner Mitschülerinnen trugen damals bereits Miniröcke, besonders seitdem eine Austauschklasse aus England hier war und die Moral unseres Ortes auf eine harte Probe gestellt hat. Es war ein Riesenskandal damals als die englischen Girls mit heißen Röcken durch die Straßen spazierten. Oh je, das hatte unser Ort noch nie erlebt. Überall wurde getuschelt, geschimpft und böse gemäkelt darüber.

Ein Minirock, also ein sehr knapper Rock, endete erheblich über dem Knie und sah einfach fantastisch aus. Die Jungen schauten gerne hinter den

Mädels her und ließen ihrer Fantasie freien Lauf.
Während meine Rock Mode noch mindestens
eine Handbreit unters Knie ging machte ich mir
Gedanken, wie mir wohl ein solcher Rock stehen
würde. Ich hatte schöne lange Beine. Die würden
doch sicherlich gut wirken dachte ich mir. Schon
länger hatte ich mir einen Betrag angespart und
so fuhr ich mit der Bahn nach Trier um dort im
C&A (was damals der Renner war) einen Mini-
rock zu finden.

Eine nette Verkäuferin kam auf mich zu und bot
sich an, mir bei der Suche zu helfen. Ich kam mir
richtig erwachsen vor, wie sie mich hofierte und
dann…. dann zog sie von einer Kleiderstange die
voll hing mit unendlich vielen Anziehsachen ei-
nen orangefarbenen Minirock aus, der durch ei-
nen goldfarbenen Kettengürtel Besitz von mei-
nen Augen nahm. Er war ein Traum! Mein
Traum, der nun wahr wurde. Ich probierte ihn an
und war anfangs schon etwas gehemmt so mit
freien Knien. Aber das legte sich schnell.

Er war sogar so günstig, dass ich mir noch ein
passendes Oberteil dazu gekauft habe. Sie, liebe
Leser können es sich nicht vorstellen, wie glück-
lich ich war. Mein Herz hüpfte vor Freude und
ich freute mich schon, ihn meinen Eltern zeigen
zu können. Das war mein ehrliches Vorhaben
und mein Plan.

Also wieder mit dem Zug nach Hause. Mutter
richtete das Abendessen, Vater arbeitete im

Garten und mir wurde mein Fehlen am Mittag zum Vorwurf gemacht. Ich in meiner Glückseligkeit ging ins Wohnzimmer, zog meinen irre modischen Rock an mit dem goldenen Kettengürtel und dem schönen Oberteil und postierte mich vor meiner Mutter. Welchem Irrtum war ich unterlegen, dass ich tatsächlich glaubte, sie würde sich darüber mit mir freuen. Ein entsetzliches Geschrei fing an mit unschönen Ausdrücken und mein Vater wurde sofort hinzugerufen. Er solle mich mal anschauen, wie ich aussehe. Man meinte, ich käme von einer bestimmten berüchtigten Straße in Trier. Das waren noch die harmloseren Worte. Ich stand wie versteinert da, konnte nichts mehr sagen außer, dass ich den Rock aber totschick finde und ihn behalten wolle.

Als sich der erste Schock bei meinen Eltern gelegt hatte, wurde ich sehr barsch aufgefordert sofort wieder mit dem "Kram" nach Trier zu fahren und den Rock zurückzugeben. Mit so etwas käme ich hier zu Hause nicht rein. Sie sprachen von Provokation meinerseits und werteten meinen Kauf als respektlos.

Was blieb mir übrig. Ich begann zu weinen, verstand die Hektik und Aggression nicht, verstand meine Eltern nicht und meine Welt versank in einem Tränenmeer. Alles half nichts. Sie zwangen mich den Rock umgehend wieder zurück zu bringen.

Erst etwas später verstand ich, dass ich mit dem Minirock auf etwas aufmerksam machen wollte. Etwas, das uns Jugendliche zur damaligen Zeit umhertrieb. Wir wollten aus dem vermufften, alten, konventionellen und langweiligem Leben raus. Wir wollten mitbestimmen und aufmerksam machen, dass die gängigen Verbote und Erziehungsmethoden überholt waren und wir uns ein freieres Leben vorstellten, trotzdem aber die Eltern noch lieb haben und achten würden. Doch das alles verstand ich erst später.

An meinen orangefarbenen Minirock aber denke ich noch heute mit einem Lächeln zurück, wenn ich in meinem Sessel sitze mit weißem Haar und meinen Enkeln von der damaligen Zeit erzähle.

EIN SCHÖNES WEIHNACHTS-FEST

"Endlich, endlich ist es unseres Micha, ist das nicht toll?" Erleichtert und voller Freude umarmte Helga ihren Mann Micha und küsste ihn liebevoll auf den Mund bevor sie die Kanzlei des Notares verließen, wo sie gerade beide den Kaufvertrag ihres neuen Hauses unterschrieben haben. Helga fühlte sich wie ein kleines Mädchen, sie wäre am liebsten gehüpft und gesprungen vor Glück und auch Micha ging es ähnlich. Er strahlte über das ganze Gesicht und fühlte sich pudelwohl.

Nach einem Essen in der Innenstadt fuhren die beiden dann als neue Besitzer zu ihrem Häuschen. Eigentlich war es eine Doppelhaushälfte mit einem großen Garten nach hinten raus. Für die beiden…. ein Traum den sie sich erfüllt haben. Noch voller Euphoric traten sie ein und gingen Hand in Hand durch die Räumlichkeiten.

Auf der unteren Ebene ganz zweckmäßig befanden sich die Küche, Ess und Wohnzimmer sowie ein Gäste WC. Über 15 Stufen hoch ging es dann in zwei Schlafzimmer, das Büro und das Badezimmer.

Von hier aus gab es noch einmal eine Treppe die auf den Dachboden führte und von dem Helga sich schon ausmalte, dass sie dort einen

Hobbyraum errichten wolle. Der Blick über die Häuser der Nachbarn von hier bis auf die nächsten Berge der umgebenden Dörfer, traumhaft.

Noch am gleichen Tag stellten sich die beiden den umliegenden Nachbarn vor. Eine alleinstehende Frau wohnte nebenan und freute sich über die beiden Neulinge. Ihre Kinder wohnen in USA und sie sei froh um jedes gute Gespräch und jede Abwechslung, sagte sie. Ein Ehepaar deren Grundstück an das ihre grenzte entbot sich gleich, bei anfallenden Arbeiten behilflich zu sein, wenn sie gebraucht würden.

Nun stand noch der Besuch des direkten Nachbarn an, des Mannes, den die Nachbarschaft als Einzelgänger beschrieb und zu dem kaum Kontakt bestünde, da er auch keinen wolle, sagten sie. Er bewohnte die andere Doppelhaushälfte, die schon etwas veraltet und auch renovierungsbedürftig aussah.

Helga war gespannt wen sie antreffen würden als sie und Micha klingelten um sich dem Nachbarn vorzustellen.

Es dauerte kurze Zeit als sie einen schlurfenden Gang hörte und ein Mann öffnete. Er sah sie etwas misstrauisch an und fragte kurz "was gibt's"? Helga fasste sich schnell ein Herz und stellte sich als die neue Nachbarin vor und auch Micha streckte ihm die Hand zum Gruß entgegen. Helga nahm wahr, dass sein Gesicht vom Wetter gegerbt und seine Haare schlohweiß gebleicht waren.

"So so, die neuen Nachbarn, dann warten wir mal ab", meinte er etwas raubeinig, wünschte den beiden aber trotzdem alles Gute und viel Glück.

Mit einem etwas mulmigem Gefühl verließen ihn die beiden nach dieser Begrüßung und kaum waren sie wieder in ihren eigenen Wänden brach es aus Helga heraus. „Hast du gesehen wie verbittert er wirkte, hast du gesehen wie schwer er sich mit dem Laufen tut?"

"Ja, hab ich" meinte Micha etwas skeptisch. "Bin mal gespannt wie sich die Nachbarschaft und das Gefühl zu ihm entwickelt."

Das Jahr im Haus und Garten

Viel gab es von nun an für die beiden zu tun. Der Garten musste hergerichtet werden. Der Boden, der lange nicht bearbeitet wurde musste aufgebessert werden. Micha baute zwei Hochbeete um eigenes Gemüse zu ziehen und ein überdachtes Holzgestell für Tomaten.

Helga wunderte sich immer woher er die vielen Ideen nahm um all die Wünsche umzusetzen, die sie mal geäußert hatte. Das Frühjahr kam und ging und so langsam ging es auf den Sommer zu und die beiden konnten ihren Garten intensiver nutzen und bestaunen.

Eine Hollywoodschaukel kam unter einen großen Sonnenschirm und eine kleine Aufenthaltsecke als Schattenplatz kam dazu.

Nach getaner Arbeit an warmen Abenden saßen sie hier, erzählten, lasen oder genossen der Arbeit Lohn.

Auch den direkten Nachbarn, Hr. Baumann, sah man zuweilen im Garten. Oft schaute er versonnen über den Zaun als nähme er an der Verwandlung des Gartens Anteil. Selten aber blieb er zu einem kurzen Gespräch stehen.

Helga war eine gute Köchin und Bäckerin und wenn sie den Kuchen für Sonntag aus dem Backofen holte, reservierte sie immer zwei Stückchen für Hr. Baumann und reichte sie ihm über den Zaun mit einem herzlichen "Lassen Sie es sich gut schmecken Hr. Baumann".

Die Arbeiten im Frühjahr und im Sommer wurden mit einer üppigen Fülle an Blumen, Farben und Gemüse belohnt. Es gab eigenen Salat, Tomaten, Kürbisse, Sellerie und Gurken.

Im Laufe des Jahres gelang es Helga mit ihrer netten und offenen Art des Öftern Hr. Baumann einige Sätze zu entlocken und ihm von den Fortschritten des Umbauens im Haus zu erzählen. Einige Male hatte sie sogar das Gefühl, er war kurz vor einem Lächeln.

Herbst und Winter

Erntezeit. Letzter Schnitt des Rasen, Schnitt der Rosen, Dahlien noch ausmachen und einkellern. Das kündigt an, dass der Herbst da und der Winter nicht mehr weit ist. Auch das windig kalte Wetter läd nicht mehr zum Arbeiten im Freien ein.

Der November hält Einzug und schon geht's mit großen Schritten auf den Advent zu.

Helga und Micha sind Ende des Monats voll im Schmückfieber der Wohnung. Hier ein grüner Zweig, ein Nikolaus, Engelfiguren, Kugeln und kleine Spuren von Lametta in die grünen Zweige hängen. Das Haus duftet nach frischem Grün der Zweige, nach Gewürzkuchen und selbstgebackenem Christstollen. Es ist eine Zeit der Ruhe die einkehrt und die etwas Heiliges hat.

Micha hat einen künstlichen Tannenbaum gekauft, den er in den Garten stellt und mit einer Lichterkette versieht. Jeden Abend, mit Anbruch der Dunkelheit wird er angemacht und erfreut jeden der ihn sehen kann in der näheren Umgebung.

Einige Tage vor dem ersten Advent stellen Helga und Micha eine rege Tätigkeit im Garten von Hr. Baumann fest.

Seine 5 Olivenbäume die er vor einem Jahr gepflanzt hat, deren Oliven er nicht essen kann, da sie ungenießbar sind, werden mit Lichterketten versehen. In mühsamer Kleinarbeit arbeitet Hr. Baumann daran jeden dieser Bäume mit einer eigenen Lichterkette zu versehen und einen Tag vor dem ersten Advent macht er sich, dick angezogen an seinem Zaum zu schaffen, der den Abschluss zu seinem Grundstück bildet.

Hier hängt er eine Lichterkette dran, die aussieht wie lange Eiszapfen und die schon beim ersten Probelauf gewaltigen Eindruck macht. Die Helle und der Schein des Lichtes leuchten weithin sichtbar für alle Nachbarn und schon beginnen die ersten Leute untereinander zu reden.

"Hast du schon gesehen, schau mal was der Baumann gezaubert hat. Ob er den Weihnachtszauber merkt?"

Natürlich sehen auch Helga und Micha dieses Spektakel und sind sehr gerührt von so viel Licht und Helligkeit.

Dann, am 1.Advent beleuchtete ein Weihnachtsbaum das Anwesen von Hr. Baumann, was wahrhaft himmlisch aussah.

Helga möchte ihm eine Freude machen und geht mit Micha zum Nachbarn. Sie klingeln und halten in ihren Händen eine Kanne Glühwein und Gewürzkuchen, natürlich selbstgebacken.

Als Hr. Baumann öffnet und die beiden sieht, treten Tränen in seine Augen vor Rührung und Ergriffenheit. Er breitet seine Arme aus und drückt Helga wortlos an sich, ebenso dann Micha, der nicht weiß wie ihm geschieht. Dann bittet er die beiden zaghaft in seine Küche und sie erzählen viele Stunden zusammen im Schein des Weihnachtsbaumes im Garten, der beleuchteten Olivenbäume und der wunderschönen Lichterkette des Zaunes, den man von der Küche aus sehr gut sehen kann.

Eine Ahnung und ein Gefühl von Weihnachtsfreude machen sich breit an diesem Tag und führen dazu, dass alle drei eine wunderschöne unvergessliche Weihnachtszeit teilen konnten. So sind Nähe und Vertrauen entstanden, die zu einer wertvollen, auf Gegenseitigkeit beruhenden Nachbarschaft führten.

EINE UNVERHOFFT SCHÖNE BEGEGNUNG

Dies ist eine Geschichte, die sich tatsächlich so zugetragen hat. Sie handelt von Menschen, die sich trotz schlimmer Erfahrungen und Erlebnissen des letzten Krieges menschlich verhalten und gezeigt haben.

Helga ist 7 Jahre alt, hat lange Zöpfe und ist durch die Zeit des Krieges, der gerade mal drei Jahre um ist, ein sehr zierliches kleines Kind. Sie bewohnt mit ihrer Mutter und der Oma ein Haus an einem Bahndamm, auf dem die Züge Richtung Frankreich und Luxemburg, aber auch Richtung Trier fahren. Die Straße vor dem Haus ist noch nicht geteert und wird von Pferdewagen für Transporte genutzt.

Es ist Sommer 1948, ein sehr heißer Sommer, der den Menschen zusätzlich vieles abverlangt.

An einem solchen heißen Tag, ist Helga mit ihrer Oma auf der Straße vor dem Haus. Während die Oma den Hauseingang säubert, schaut Helga, was es zu entdecken gibt.

Da kommt ein uniformierter Soldat der französischen Armee, die damals u.a. auch in Wasserliesch, einem Nachbarort, stationiert war auf die beiden zu und bittet in einem Dialekt und gestikulierend um etwas zu trinken.

Am Vortag hatte Helgas Oma Viez von einem Nachbarn bekommen und sie bat den Soldaten ins Haus. In der Küche köchelte ein Topf mit Wasser, in dem Kartoffelschalen ausgekocht wurden für das Mittagessen. Der Mann sah sich zaghaft um und registrierte die Umgebung. Die Oma entnahm etwas Viez aus einer Kanne, füllte eine kleine Menge in ein Glas und verdünnte ihn mit Leitungswasser.

Als sie ihm das Glas reichen will, sagt er etwas skeptisch aber in Deutsch, sie möge vorher einen Schluck davon probieren, was sie auch tat.

Dann reichte sie ihm das Glas und er trank es gierig aus. Es stellte sich heraus, dass er aus dem Elsass stammte und daher Deutsch sprechen konnte. Nachdem er das Glas geleert hatte bedankte er sich, streichelte Helga noch über den Kopf und ging dann weiter zu seiner entfernt liegenden Kaserne.

Etwa zwei Wochen später klopfte jemand an der Haustüre. Draußen stand der junge Soldat, der sich nach der Frau mit dem dünnen Kind erkundigte. In seiner Hand hielt er eine bunte Dose und hielt sie der Oma hin. Er erzählte ihr, er habe bei seinen Kameraden gesammelt für das kleine Mädchen. Als die Oma die Dose öffnete war diese voll mit Keksen.

Das wurde zu einem unvergesslichen Erlebnis für die Oma, aber auch für die kleine Helga, die mir heute im Jahre 2020 diese Geschichte erzählte.

In der Vorweihnachtszeit des Jahres 1948 kam der Soldat noch einmal und sagte, er müsse Deutschland verlassen, er gehe zurück in seine Heimat. Noch einmal hatte er seine Kameraden überredet, einige Kekse für die Familie zu sammeln. Und genau diese brachte er an diesem Tage mit. Dann wünschte er beiden noch ein gutes Weihnachtsfest, bevor er sich verabschiedete.

Leider haben die beiden nie mehr etwas von dem netten Mann gehört. Aber die Menschlichkeit und Freundlichkeit dieses Mannes haben beide nie vergessen.

ERINNERUNGEN

"Irgendwo muss sie doch sein, herrje! Ich weiß genau, dass ich noch irgendwo hier, eine Patrone für meinen Drucker habe".

Klaus suchte in allen möglichen Ecken seines Büros, wühlte zwischen Akten und Papierbergen hin und her und öffnete dann den alten Aktenschrank. Eigentlich konnte sie hier nicht drin sein, aber man weiß ja nie.

Nein, auch hier wurde er nicht fündig, als sein Blick auf ein kleines Fotobuch in der hinteren Reihe fiel. Er nahm es raus, blätterte es schnell durch und setzte sich dann damit hinter seinen Schreibtisch.

Etwas abgegriffen sah es schon aus, was ja auch nicht verwunderlich war. Die Schrift auf der Titelseite wirkte verblichen "Meine Kinderzeit" stand da in noch schwach lesbarer Schrift. Klaus besah sich den Einband und erinnerte sich daran, mit wieviel Liebe seine Mutter damals dieses Fotoalbum gestaltet hatte.

Dann schlug er die erste Seite auf. Das erste Foto zeigte seine Eltern die ihn als Baby in einem Kinderwagen schoben, die weiteren seine ersten Essversuche mit total verschmiertem roten Soßenmund und einem Kinderlöffel in der Hand, Klaus mit seinem Teddy und später mit einem kuscheligen Löwen als Schmusetier. Klaus im Garten seiner stolzen Großeltern, umringt von Cousins und Cousinen die gerne dort mit ihm spielten.

Klaus hielt das Album in der Hand. Lächelnd führte er seine Kaffeetasse zum Mund. Wie schnell doch die Zeit vergeht, dachte er. Die Erinnerung an die Großeltern war präsent und augenblicklich war er wieder der kleine Junge in deren Garten, der mit dem Golden Red River tobte und zwischen den Blumenrabatten in einer großen Sandkiste Burgen baute und spielte.

Für seine Großeltern war er der erste Enkelsohn und Oma machte keinen Hehl aus ihrer großen Zuneigung zu ihm. Sie verwöhnte den Enkel und genoss seine Nähe. Abends las sie ihm gerne Geschichten vor und oftmals fragte sie ihn, was sie für ihn kochen könne um seinen Essenswunsch zu erfüllen.

Die nächsten Seiten des Albums zeigten Klaus als Kleinkind, die ersten Gehversuche, das erste Dreirad, erste Versuche von Fußballspielen mit Opa,

der erste Urlaub in den Bergen mit seinen Eltern, wie schön sie doch war diese Zeit und vor allem, wie unbeschwert. Wieder lächelte Klaus und ließ die Gedanken an damals schweifen. Ruhe kehrte in ihn ein.

Ja, es war eine unbeschwerte schöne Kindheit die ihm geschenkt worden war. Er war ein fröhlicher gesunder Junge und wurde von allen geliebt.

Kindergartenzeit, ja, ich erinnere mich daran, dachte er, als er die Bilder von damals besah. Unsere Kindergärtnerinnen waren sehr nett und haben uns viele schöne Sachen beigebracht, Lieder mit uns gesunden und Gedichte geübt. Wir haben viel gebastelt und ich bin gerne dorthin gegangen jeden Tag. Schön waren auch die Wanderungen in den nahen Wald mit der Kindergartengruppe kam ihm noch in den Sinn. Er schlug noch einmal die Seite des Fotoalbums um und sah sich an seinem ersten Schultag.

Ihm war, als sei es erst gestern gewesen. Am Vortag noch beim Friseur, die Haare ganz kurz, eine Baumwollhose an und ein buntes T-Shirt. Im Arm eine Schultüte, die fast so groß war wie er selbst. Er schmunzelte über seinen Ernst im Gesicht und dachte daran, wie groß er sich an diesem Tag vorkam. Kein Kindergartenkind mehr, nein, ein Schulanfänger war er nun. Genau wie die anderen Kinder des Kindergartens, die ihn seit Jahren begleiteten, die er kannte.

Ja ja die Lehrerin hieß Frau Oberschmitt. Er konnte sich noch gut an ihre warme weiche Art erinnern Ruhe in die Klasse zu bringen oder auch zu rügen.

Klaus ließ in Gedanken noch einmal den ersten Schultag revue passieren.

Seine Mama war sehr stolz auf ihren "Großen" mit der Schultüte und sicherlich war sie genau so aufgeregt wie er. Als sie den künftigen

Klassenraum betraten sagte Frau Oberschmitt, jedes Kind könne sich einen Platz aussuchen. Mit lauten Gekreische liefen die Kinder durcheinander. Klaus fand einen Platz auf einer Zweierbank am Fenster und sagte sich, von dort kann man schön raussehen. Also nahm er Platz dort, als eine Stimme zu ihm sagte "darf ich mich zu dir setzen?"

Klaus drehte seinen Kopf und sah in herrlich grüne Augen. Sie waren so grün wie das Gras in Omas Garten. Er war etwas verwirrt im Moment, sagte dann aber ganz cool "von mir aus"."Klausi, jetzt hast du aber ein nettes Mädchen an deiner Seite. Sei mal etwas lieber zu ihr" befand seine Mama und Klaus wurde tomatenrot im Gesicht. "Mama, ich heiße Klaus, bitte" sagte er leise und schaute dann doch noch mal zu dem Gesicht neben sich. So was hatte er noch nie gesehen. Grüne Augen, das Gesicht voller Sommersprossen wie Rosinen auf einem Kuchen und …. Ja…. und rote Haare, die lockig auf ihre Schulter fielen.

"Sind die echt?" fragte er das Mädchen, die erst gar nicht wusste was er meinte.

"Du meinst meine Haare, ja, die sind echt. Ich weiß, ich werde oft darauf angesprochen" meinte seine neue Tischnachbarin ganz trocken. Der Herr neben ihr war bestimmt ihr Vater, denn auch er hatte Sommersprossen, dachte Klaus. Dieser gab erst der Mutter und dann Klaus die

Hand und stellte sich vor. Sie seien erst kürzlich her in die Stadt gezogen sagte er und seine Tochter kenne noch nicht viele Kinder. Aber.... das werde sich ja jetzt wohl ändern in der Klasse stellte er fest.

"Selma ist ein liebes Mädchen" stellte der Vater seine Tochter vor. "Ihr werdet euch bestimmt gut verstehen".

Wieder sah Klaus zu Selma rüber.... komischer Name.... S e l m a, noch nie gehört.

Selma lächelte ihn an und dann sah er, dass auch sie eine Zahnlücke hatte wie er und die vielen anderen Kinder in der Klasse. Das sah so lustig aus, dass Klaus lachen musste. "Mal sehen" grummelte er leise und wollte damit zeigen, dass er sich nicht so leicht überfahren lassen wollte. Er brauchte noch etwas Zeit.

Die Schultüten lagen vor den Kindern auf den Tischen als Frau Oberschmitt die Eltern verabschiedete um sich den Kindern alleine zu widmen und die Kinder sich untereinander vorzustellen zu lassen.

Und dann war der Augenblick endlich da. Die Schultüten durften nach einer Einführung über Pünktlichkeit in der Schule, Sauberkeit und Gehorsam gegenüber den Lehrern endlich geöffnet werden.

Schnell war sie auf und Klaus entnahm der Tüte einige Süßigkeiten, einen Brief von Oma und ein kleines Päckchen Playmobil. Es war ein Polizist auf einem Motorrad, aber erst mal musste man die Teile zusammenbauen.

Klaus hatte rote Backen vor Aufregung. Gleich wenn er heimkommt will er das Motorrad zusammenbauen und den Polizisten draufsetzen.

Neben ihm packte Selma in ihre Tüte. Ebenfalls einige Süßigkeiten förderte diese zutage und dann eine CD-Selma jauchzte laut und sagte dann" das ist die neue CD von Bibi Blocksberg. Kennst du Bibi Blocksberg? Das ist eine kleine Hexe die ganz alleine lebt" "Nöö, kenn ich nicht, ist was für Mädchen" murmelte Klaus leise." Ne Hexe, da kann ich nur lachen dachte er sich noch und umfasste sein Playmobil Päckchen.

Endlich, der erste Schultag war vorbei und die laute Schulglocke eine Erlösung vom Ruhigsitzen und Zuhören in der Klasse. Laut lärmend strömten die Kinder aus der Schule und traten den Heimweg an.

Neben Klaus lief Selma, ebenfalls recht schnell. "Wo wohnst du?" fragte sie ihn und er zeigte in Richtung seines Elternhauses. Da hinten, meinte er kurz angebunden, neben Edeka. "Dort wohnen wir auch" hörte er noch die Stimme von Selma. Aber das interessierte ihn in diesem Moment nicht.

Klaus blickte gedankenverloren aus dem Fenster seines Büros auf den nahegelegenen Berg und die Weinberge.

Dann blätterte er in dem Fotoalbum weiter und fand Bilder der ersten Schuljahre. Inzwischen waren Selma und er ziemlich beste Freunde geworden. Sie liebte klettern und verstecken, fangen in Omas Garten und ebenfalls mit Hugo, dem Golden Red River zu spielen. Selma war ein Wildfang und irgendwie eher ein Junge als ein Mädchen. Klaus wurde dann doch neugierig, was Hexen wie Bibi Blocksberg denn so alles können. Oft nahmen sie die Hörkassette mit in den Garten, wo sie sie in einer Hängematte anhörten. Sie entwickelte sich immer mehr zu einer Freundin und Vertrauten für ihn. Die witzigsten Sachen und lustigste Begebenheiten, die hatte Klaus mit Selma.

 Nach der Schulzeit machten beide einen Tanzkurs. Auch diese Bilder fand er schön eingeklebt im Album und wieder lächelte er. Der Anblick dieser beiden jungen Menschen ergriff ihn. Walzer, Tango, Foxtrott. Tanzen war auch heute noch für ihn sehr wichtig, es gehörte mit zu seinem Leben. Wie schön wir auf dem Abschlussball aussahen, dachte er grübelnd. Immer wieder war er fasziniert von Selmas rotem Haar und den unendlich vielen Sommersprossen in ihrem Gesicht. Kein Mädchen des Ortes sah so geheimnisvoll toll aus wie Selma.

Für ihn war sie die Schönste von allen.

Lange ists her, lange sprach er zu sich selbst und legte das Fotoalbum zur Seite als eine Stimme rief "Schatz, hast du die Patrone gefunden? Wir können übrigens gleich essen."

Mit einem leisem Seufzer und den vielen wunderbaren Erinnerungen noch im Kopf stand er auf, ging die Treppe hinunter und antwortete "Aber ja doch Liebes, ich komme Selma".

HANNAH UND DIE ELFEN

Hannah ist ein ruhiges ausgeglichenes Mädchen von acht Jahren, das die zweite Klasse der Grundschule besucht. Ihre Lieblingsfächer sind Malen und Musik, aber auch im Lesen und Schreiben ist Hannah eine sehr gute Schülerin.

Heute ist ein Wandertag in den Wald geplant und die Lehrerin Frau Neumaier hat viel Mühe die aufgeregten Kinder zu beruhigen. Ein jedes hat ein Brot dabei, eine Nascherei und etwas zum Trinken, damit sie alle als Abschluss nachher auf der Bergwiese den Ausflug noch mit einem Picknick genießen können.

Nachdem sich die Kinder in zwei Reihen aufgestellt haben geht's endlich los. Vorbei an Wohnhäusern, durch einen Tunnel auf die andere Seite des Ortes und dann über den alten Kirschberg bergan.

Es ist ein lautes Reden und Lachen, das man schon von weitem hören kann. Kinder haben sich immer viel zu erzählen.

Der Fußweg auf den Berg wird gesäumt von Hecken und alten Kirschbäumen. Zwischendrin steht mal eine Holzbank, jedoch abgebrochen oder morsch.

Die Kinder ereifern sich in ihren Gesprächen übers Fernsehprogramm und die neuesten Spiele ihrer Play Station. Kaum jemand scheint zu merken, dass die Sonne bereits eine angenehme Wärme verbreitet und der Himmel in seinem schönsten Blau erstrahlt.

Nach einer Stunde etwa haben sie das Plateau erreicht und können auch den nahen Wald sehen. Hier möchte Frau Neumaier den Kindern die unterschiedlichen Bäume erklären und ihre Früchte.

Sie bittet die Kinder ihre Rucksäcke auf die Wiese zu legen, die den Eingang zum Wald bildet und voll herrlichster und buntester Sommerblumen aussieht wie gemalt.

Dann geht's in den Wald mit seinen hohen Bäumen, den weichen Waldwegen und Frau Neumaier ist eifrig dabei, die Unterschiede der Bäume zu erläutern. "Also, das ist eine Fichte. Fichten sind hier im Wald am meisten vertreten und das ist eine Kiefer. Ihr erkennt sie an den langen Nadeln und dem rauen Stamm" sagte sie und brach einen kleinen Ast dabei ab, den sie den Kindern in die Hand gab. "Hier das sind Buchen. Buchen haben glatte Stämme und sind die Bäume des Waldes, die mit allen anderen Bäumen erzählen können, sagt man."

Die Kinder hören ihr gespannt zu und stellen dann ihre Fragen."Wo sind denn hier die Pilze? Gibt es hier auch Bären im Wald? Meine Oma sucht immer nach Blaubeeren und ich habe auch schon mal Kastanien hier gesammelt, sagt Lukas." und dann fragt Hannah "Wäre es nicht besser für die Tiere die hier leben wenn wir etwas leiser wären, damit sie sich nicht erschrecken?"

Frau Neumaier lächelt freundlich und meint "Nein im Gegenteil. Wenn ihr etwas lauter seid, dann merken die Tiere, dass Menschen im Wald sind und verstecken sich besser. Das ist für sie kein Problem."

Dann legt die Schulklasse einige Schweigeminuten ein, in denen Frau Neumaier ihnen die unterschiedlichsten Vogelstimmen zu Gehör bringen möchte. Und tatsächlich. Hier singt eine Amsel, hier hört man eine Taube, dort hinten hört man einen Specht klopfen. "Aber das ist nur in der Ruhe möglich "stellt Frau Neumaier klar.

Die ersten Kinder möchten nun gerne mit dem Essen beginnen und so macht sich die Gruppe langsam wieder Richtung der Rucksäcke auf der Wiese.

Hannah denkt, ich sammle noch schnell einige Tannenzapfen. Die kann ich Mama mit nach Hause bringen und meiner kleinen Schwester zeigen. Viel Neues hat sie heute dazu gelernt. Was kann ich heute alles zu Hause erzählen von unserem Spaziergang, denkt sie Gedanken verloren. Mama wird sich wundern.

Da ist es ihr auf einmal, als hätte sich jemand hinter einem Baum versteckt. Neugierig wie sie ist fragt sie zuerst und geht dann zu dieser Stelle. Es knistert auf den dünnen Reisigen die auf dem

Waldboden liegen und Hannah kann eine kleine Gestalt sehen hinter einem dicken Baumstamm.

"Wer bist du denn?" fragt sie etwas verwundert. "Na, wie seh ich denn aus" antwortet der kleine Wicht. "Ich bin ein Zwerg, einer von vielen hier im Wald. Wir kümmern uns darum, dass der Wald sauber bleibt und die Bäume in Ruhe wachsen können. Wir hören was die Bäume sich erzählen und wissen allerlei über das Wachstum hier im Wald."

Zwerge! Gehört hat Hannah schon von ihnen, aber nur in ihrem Märchenbuch. Nun sagt dieses Wesen es sei ein Zwerg. Doch er sieht sehr vertrauenserweckend aus und spricht weiter.

"Wenn du möchtest zeige ich dir noch mehr von den Geheimnissen des Waldes. Komm, setze dich mal her an den Baumstamm. Er wird dich umarmen und du kannst mit ihm erzählen." Hannah folgte den Anweisungen und nahm auf dem Boden Platz. An den Stamm einer Buche angelehnt wartet sie einen kleinen Moment und hat tatsächlich das Gefühl sie werde umarmt. "Siehst du, ich hab dir nicht zu viel versprochen" sagt der Zwerg noch.

"Unter der Erde, in den Wurzeln der Bäume leben die Wurzelkinder. Auch sie sind Wesen die man normalerweise nicht sehen kann. Dafür aber, wenn man genau aufpasst, kann man sie lachen hören. Sie sind immer gut gelaunt."

Hannah schließt die Augen und meint das La-
chen zu hören unter sich, von den Wurzeln der
Buche kommend.

"Und nun pass auf. Nun kannst du die Elfen se-
hen, die den Wald erhellen, Wünsche erfüllen
und vor allem nur von Kindern noch gesehen
werden können. Jede Elfe ist eine Botschafterin
des Waldes. Sie sind bezaubernd schön und wenn
sie singen muss ich immer weinen, so schön ist
der Gesang" spricht der kleine Wicht gerührt.

Da sieht Hannah viele kleine Lichtpunkte die in
der Luft tanzend näher kommen und dann sind
sie ganz dicht vor ihr zu sehen. Die Elfen, ja es
waren Elfen wie in ihrem Märchenbuch zu sehen.
In den unterschiedlichsten Farben und mit schil-
lernden Flügeln kommen sie näher und beginnen
zu singen. Eine wunderschöne Melodie wie Han-
nah findet. Sie sieht, dass die Blätter der Bäume
zu den Melodien tanzen und dem kleinen Wicht
die Tränen vor Rührung aus den Augen kullern.

Es war immer noch die liebevolle Umarmung des
Baumes die Hannah sitzen bleiben ließ und eine
Faszination, die sie so noch nie kennenlernte.

Die Elfen lassen sich nieder auf dem Waldboden,
der wirkte wie ein beleuchteter großer runder
Kreis oder wie eine Wiese voll mit Zauberblu-
men.

Da erhebt sich eines der wunderbaren Wesen
und sagt zu Hannah gewandt "Mein liebes Kind.
Heute darfst du es erleben, was viele Menschen

verlernt haben zu sehen. Es gibt uns, die Naturgeister. Es gibt Feen, Zwerge, Elfen, Wurzelkinder und noch viele viele mehr, die versuchen die Wälder und die Natur zu schützen. Wir dienen dem Großen Plan und möchten keinen Dank, denn es ist unsere Aufgabe.

Viele Kinder deines Alters sehen die Schönheiten der Natur nicht mehr und somit auch uns nicht. Wir finden das sehr schade, denn wir hatten immer viel Freude und Spaß miteinander wenn wir uns trafen. Es gab die Zeiten als Kinder noch voller Fantasie waren und verstanden, was wir ihnen mitteilten. Wir könnten euch heute noch viele Tipps und Ratschläge geben, doch die sind nicht mehr gefragt. Das macht uns sehr traurig. Doch du, die du uns heute gesehen hast, geh nach Hause und erzähle deiner Schwester von uns. Erzähle ihr was du erlebt hast und vergiss nicht, wir wollen den Menschen nur nützen. Liebes Kind, komm bald wieder her, es war sehr schön mit dir."

Dann erheben sich die Elfen und flattern fort. Auch der kleine Zwerg hat es eilig sich zu verabschieden und bittet Hannah nun aufzustehen vom Boden und zu ihrer Gruppe zurückzukehren.

Einen kurzen Moment fällt ein Lichtstrahl auf Hannahs Gesicht und sie sieht sich erstaunt um. Sie steht alleine im Wald, als sie die besorgte Stimme von Frau Neumaier hört "Hannah,

Hannah, nun komm doch her Kind, die anderen haben schon mit dem Essen begonnen. Wo warst du denn? Ich hab mir schon große Sorgen gemacht. Alles okay bei dir?"

"Ich war bei den Zwergen und Elfen im Wald" erzählte Hannah mit roten Backen und Frau Neumaier meinte, den Blick auf sie gerichtet "Ah ja, Zwerge und Elfen, Hannah. Na gut, wenn du meinst! Ich dachte immer die gäbe es nur im Märchen!"

"Na klar. Und jetzt freue ich mich auf mein Butterbrot" sagte Hannah und nahm lachend die Hand ihrer Lehrerin, als sie zu den Mitschülern auf der Wiese zurückkehrten.

IM WARTEZIMMER BEIM ARZT

Der Wecker klingelte schon früh und ich quälte mich aus dem Bett. Noch schlaftrunken betrat ich das Badezimmer zum Zähneputzen und Duschen. Heute Morgen habe ich einen Arzttermin, Blutabnahme beim Hausarzt.

Schon der Gedanke „ kommen Sie bitte nüchtern zum Termin her" ließ mir einen Schauer über den Rücken fahren, denn ich gehe normalerweise nie ohne Frühstück aus dem Haus. „Hoffentlich komme ich pünktlich dran, hoffentlich ist das Wartezimmer nicht so voll, hoffentlich geht es schnell mit dem Blut abnehmen. Ich mag meine kostbare Lebenszeit nicht in einem Wartezimmer beim Arzt verbringen" sagte ich zu mir selbst und mein Magen signalisierte bereits Lust auf Brötchen zum Frühstück anschließend.

Ich zog mich also rasch an und fuhr mit dem Auto zur Praxis des Arztes. Eigentlich ist er ein sehr netter Hausarzt. Hat immer ein offenes Ohr für seine Patienten und oft auch einen netten lustigen Spruch auf den Lippen. Auch sein Personal hat er gut im Griff. Sie mögen ihn sehr und man merkt es schon beim betreten der Praxis, hier herrschen Respekt und Achtung voreinander. Ebenso spürt man die Freude der Angestellten bei ihrer Arbeit.

Ich betrete also die Praxis, werde gleich sehr nett mit Namen begrüßt und geheißen, mich noch kurz ins Wartezimmer zu setzen. Man riefe mich dann auf.

Ich tat wie geheißen und traute meinen Augen nicht. Drei Nachbarn saßen bereits hier und begrüßten mich ebenfalls freundlich. Dann wurden sie neugierig und fragte, ob ich krank sei, was ich verneinte. Warum ich denn dann hier sei? Ich entgegnete „...nur zum Blut abnehmen", als Fr. A. begann von ihren Geschwüren an den Beinen zu erzählen. Man bekäme sie einfach nicht in den Griff und die Tabletten die sie jetzt nehmen müsse, ruinierten nur ihren Teint. Es sei grausam, was sie alles mitmachen und erdulden müsse.

Sogleich begann Herr B. über seine Atemprobleme zu sprechen, die wahrlich auch nicht einfach seien. Er müsse x Mal am Tag inhalieren und spazieren gehen, das klappe auch nicht mehr so gut wie vor einigen Jahren. Nur noch kurze Runden könne er drehen.

Ich empfand Beklemmung und dachte nur, hoffentlich komme ich bald dran. Immer nur über Krankheiten reden, das ist nicht gut. Jeder hat sein Päckchen und muss sehen, wie er damit umgeht. Aber die volle Dosis hier im Wartezimmer, das war doch etwas Zuviel.

In diese Gespräche über Pillen, Pasten und Tinkturen schaltete sich Fr. Klein ein. Ob jemand von uns wisse, wie es Fr. M. geht. Man sehe sie in letzter Zeit immer alleine spazieren gehen. Sie wisse auch nicht, wann man sie zuletzt mit ihrem Mann gesehen habe. Ob er überhaupt noch lebe? Es sei bestimmt schrecklich und sehr schwer für eine Frau, sinnierte sie.

Ach und dann kam noch die Rede auf Fr.C. Sie liefe statt in schwarzer Trauerbekleidung viel in bunten Blusen und Hosen herum und das, obwohl der Mann noch nicht mal ein Jahr unter der Erde sei. Alle machten betroffene Gesichter in der Runde und nickten stumm. Aber sie, Fr.C. sähe eigentlich gar nicht leidend aus. Man wusste sogar zu erzählen, dass sie in letzter Zeit auffallend viel neue Kleider und neuen Schmuck trage. Das Erbe sei auch manchmal ein gutes Ruhekissen, lächelte die Erzählerin leise und die anderen im Wartezimmer nickten zustimmend.

Ich bin entsetzt, ich will hier raus. Wie albern ist das denn? Ich möchte keinen Tratsch und keinen Klatsch mehr um und in den Ohren haben. Ich will hier raus!

So stehe ich auf und will gerade mit einem gequälten Lächeln den Raum verlassen als die Sprechstundenhilfe mich namentlich ins Labor ruft.

Ich verabschiede mich und fühle mich um eine Zentnerlast erleichtert. Wie gemein und takt und respektlos Menschen doch sein können.

Ich hab mich selten so auf die Heimfahrt gefreut wie an diesem Tage und mir gesagt „ Bleib dabei, so wenig Lebenszeit wie möglich in einem Wartezimmer beim Arzt zu verbringen. Sonst kommst du kränker nach Hause, als du hingekommen bist."

So handhabe ich es bis heute und es geht mir gut mit diesem Denken.

TANZEN IST LEBENSGEFÜHL

Als Kleinkind war ich oft bei meinen Großeltern im Ruhrgebiet. Deren Wohnung war klein, aber es war immer etwas los. Opa spielte Zither. Es wurde viel gesungen und oft waren die Nachbarn mit dabei wenn gefeiert wurde. Einen Grund gab es immer dazu. Eng an eng saßen sie dann auf der Couch und genossen es, laut zu singen oder auch ein Tänzchen zu wagen.

Wenn mein Opa flotte Melodien spielte, da ging mein kleines Herz auf und ich hüpfte und sprang zur Musik von einem Bein aufs andere. Wenn die Backen dann hochrot waren vor Anstrengung, spendierte meine Oma mir immer einen selbstgepressten Orangensaft zur Belohnung.

Sehr zur Freude der Anwesenden, die mich durch Klatschen und Zurufe anspornten weiter zu tanzen.

Später dann, am Tag vor meiner Kommunion legte mein Vater zu Hause Schallplatten auf mit Tanzmusik und erklärte mir, wie ich den Takt spüren könne. Dazu nahm er mich in den Arm und wir übten und tanzten im Wohnzimmer Walzer.

Mit 17 Jahren meldete ich mich in einer Tanzschule in Trier an, die von einer rustikalen älteren Tanzlehrerin, zugleich Chefin des Ganzen, geleitet wurde. Zur damaligen Zeit hatte ich einen gleichaltrigen Jugendfreund, den ich überreden konnte, mit mir den Tanzkurs zu besuchen. Wir fuhren mit dem Zug sonntags nach Trier und gingen zu Fuß in die Tanzschule. Sie war eine willkommene Abwechslung in der damaligen Zeit, den 1970ger Jahren.

Der damaligen Chefin der Tanzschule war es ein Anliegen, den jungen Menschen Anstand und auch Disziplin beizubringen. Die Jungen mussten sich vor uns, den Mädchen, verbeugen wenn sie uns aufforderten zum Tanz und anschließend brachten sie uns wieder an unseren Tisch zurück. Etikette waren sehr wichtig!

Die Tänze machten unglaublich viel Spaß. Wir übten sie mit Tipp Tipp Tipp, Wiegeschritt, vor − zurück. Aber auch ein zwei drei tscha tscha tscha…. zwei drei tscha tscha tscha…. Die Tanzstunden waren harmonisch, lustig, aber auch konzentriert und anstrengend. Es war schön, mit so vielen Jugendlichen etwas Gemeinsames zu tun.

Soweit ich mich erinnern kann, bestand ein Tanzkurs aus 10 Einheiten. Das hieß, wir lernten im ersten Kurs 10 Tänze.

Nach dem Wiener Walzer kam der Rockn Roll. Schon alleine die Musik dazu erhitzte das Blut. Die "Damen", wie die Tanzlehrerin uns nannte, schwangen die Beine dazu und wurden von den "Herren", also den Jungen, herumgewirbelt.

Bei einem dieser Tänze passierte ein Malheur. Mein Tänzer Ewald bekam meine Hand nicht richtig zu fassen und ich fiel aus einer Drehung heraus auf meinen Allerwertesten. Gefühlte zwei Meter rutschte ich noch über den Boden. Ich versuchte noch ein gequältes Lächeln, doch dann stiegen mir die Tränen vor Schmerzen in die Augen. Ich spürte wie der Schmerz stärker wurde, das Lächeln gefror und ich sah in die Runde. Wie soll ich wohl aufstehen können, hämmerte es in meinem Kopf. Die anderen Paare tanzten weiter, obwohl sie mich dort sitzen sahen. Einige lächelten mitleidig, wahrscheinlich waren sie froh, dass ihnen das nicht passiert war.

Und mein Tanzpartner Ewald? Er stand vor mir und prustete vor Lachen und konnte sich gar nicht mehr einkriegen. Mit hochrotem Kopf stand er vor mir, brachte kein Wort heraus, nur lautes Lachen und zeigte immer mit dem Finger auf mich. Ja, er hatte wirklich einen Lachkrampf bekommen. Den Bauch hielt er sich und die Tränen liefen ihm vor Lachen die Backen runter.

Peinlich genug für mich, aber es gab zum Glück ja Frau Schneider, die Tanzlehrerin.

Wutentbrannt kam sie auf Ewald zu, stupste ihn an und befahl ihm mit klaren Worten, sofort der "Dame" aufzuhelfen. Ihr resolutes Wort hatte Gewicht und Ewald kam schnell zu sich. Er streckte mir die Hand entgegen, half mir auf und brachte mich zum Tisch.

Ich glaube, wäre Frau Schneider nicht gewesen, würde er heute noch dastehen und sich biegen vor Lachen.

GUTE NACHBARINNEN

Es ist Anfang der 90ger Jahre, als Hermine, U-
schi, Susanne und Helene als direkte Nachbarn in
der gleichen Straße wohnen. Bis auf Helene, die
Älteste, sind fast alle im gleichen Alter und haben
Familie mit je zwei Kindern. Die Kinder benöti-
gen noch Unterstützung und Hilfe in der Schule,
brauchen noch die Mutter zu Hause. Helene
hatte mit ihrem Mann eine Gaststätte, bzw. ein
Speiselokal betrieben und nun, nachdem ihre
Kinder bereits verheiratet und selbst Eltern sind,
hat sie sich aufs Altenteil in ein selbstfinanziertes
Haus zurückgezogen. Hierher, in die Anlieger-
straße eines kleinen Ortes im Südwesten.

Die Frauen sehen sich täglich beim Arbeiten im
Garten, beim Einkaufen, beim Blick aus dem
Fenster oder einfach so in der Woche zu einem
Sektfrühstück, was immer ein besonderer Tag für
alle ist. Wenn die Kinder morgens in die Schule
gehen, beginnt für die Frauen dann ein geselliges
Treffen welches jede Woche abwechselnd gestal-
tet wird. Dabei werden die Neuigkeiten ausge-
tauscht, Probleme erörtert, Schulfragen diskutiert
und immer wird viel gelacht. Es ist ein kleiner
Freiraum den sich die Frauen damit geschaffen
haben.

Auch die Kinder der Familien verstehen sich
prima. Die größeren Jungen sind im

Fußballverein und die Mädchen spielen zusammen. Die Männer, wenn sie sich sehen, sprechen über Fußball, Fernsehen, ihren Beruf und alles, was damit zusammenhängt. Oft wird im Sommer ganz spontan ein Grillfest mit allen Familien organisiert oder ein gemeinsames Kaffeetrinken im Garten. Alle Geburtstage werden grundsätzlich gemeinsam gefeiert. Wenn mal kein Grund zum Feiern in Sicht ist, erfindet man einen. Zum Beispiel wird ein Baumfest organisiert, weil man die Zweige desselben geschnitten hatte oder ein Rasenfest, weil dieser gemäht wurde.

Es ist eine wunderschöne Gemeinschaft die viel Freude und Halt aneinander aber auch miteinander hat.

Die bisherigen Urlaube dieser Familien führten sie in den europäischen Raum aber auch Djerba in Tunesien hatten alle schon einmal besucht.

An einem schönen Vorfrühlingstag, Helene richtete ein herrliches Sektfrühstück aus, wurde wieder das Thema Urlaub thematisiert. Alle vier Frauen meinten, man müsse mal was ganz Verrücktes unternehmen. Einfach mal raus, dahin, wo man noch niemals war. Dahin, wo die Sonne scheint und eine tolle Landschaft wartet. Sie steigerten sich so sehr in die Idee, einen gemeinsamen Urlaub nur mit Frauen machen zu wollen, dass Uschi und Hermine am Nachmittag in ein Reisebüro gingen und Fernreisekataloge aus aller Welt mitbrachten.

Bei einem erneuten Treffen am nächsten Tag in Helenes Wohnung schauten die Frauen erst zaghaft, dann immer interessierter die Kataloge durch. Wohin sollte man fliegen? Wenn eine sagte Tunesien, meinte eine andere …. da war ich schon, wenn eine meinte Kanaren meinte wiederum jemand…. "da waren wir schon…"

Dann kam ein Katalog zum Vorschein, das Cover groß aufgemacht mit grünen Palmen, weißem Sandstrand und Sonne pur, das sogleich in die Augen stach. Erst zaghaft, doch dann mit wachsendem Interesse fingen alle an zu blättern. Die Palette der Urlaubsländer ging von Kuba, den ABC Inseln bis nach Jamaica.

Es war unbeschreiblich, welch ein Fernweh in diesem Moment die Frauen erfasste. Karibik…. das Wort alleine war schon Gefühl. Die Bilder des Reisekataloges ließen jede für sich einen kurzen Moment lang träumen von Farben in grün wie Palmen, weißem Sand und blauem Sommerhimmel.

Um einen gemeinsamen Konsens zu finden einigten sich die Vier, den Katalog zu schließen. Eine wurde dann auserkoren eine Seite aufzuschlagen und dorthin…. ja, dorthin wolle man fliegen.

Gesagt…. getan. Die Spannung stieg, wobei zu diesem Zeitpunkt noch keine wusste, wie man eine solche Reise umsetzen könne und was der Ehemann dazu sagen würde? Dabei musste auch daran gedacht werden, dass die Männer Urlaub nehmen mussten um bei den Kindern zu sein während eines solchen Unterfangens.

Susanne war diejenige, die die Seiten aufschlagen sollte. Alle hatten großes Herzklopfen und dann ja, dann lagen die schönsten Fotografien der Dominikanischen Republik vor den Frauen. Ein Schrei der Freude und Erleichterung erfüllte das Wohnzimmer und dann ging es gedanklich an die Vorbereitung. Wann wollte man dorthin? Was brauchte man noch zum Anziehen, die ewige Frage der Frauen und besonders…. wie sollten sie das finanzieren?

Sie einigten sich darauf, jeden Monat einen kleinen Obolus auf ein separates Sparbuch zu tun bis der Reisebetrag vollständig sei und dann auch rechtzeitig zu buchen. Alle versprachen, noch nichts den Männern davon zu erzählen bis es spruchreif sei.

Es verging eine geraume Zeit und das gewählte Ziel gab allen eine Perspektive, Kraft, Hoffnung und wunderschöne Träume.

Der Herbst hatte Einzug gehalten hier in Deutschland und der Termin für die Reise der Vier stand auch fest. Es sollte Anfang Oktober sein. Dann, so sagten sie im Reisebüro, seien die schlimmsten Hurrikans in der Karibik vorbei, wobei man sich in diesen Jahren noch darauf verlassen konnte.

Der Tag kam, an dem die Frauen ihren Männern offenbaren sollten, was sie vor hatten. Natürlich hatte jede Herzklopfen als sie ihrem Mann sagte, sie habe ihm etwas Schönes mitzuteilen. Die Männer gönnten es den Frauen was alleine zu machen und Spaß zusammen zu haben. So nahmen sie die Hinweise auch nicht allzu ernst, dass es ein besonderes Ziel ist, dass sich die Frauen ausgesucht hatten.

Alle Ehemänner waren sich unabhängig voneinander einig. Als erstes Ziel Mallorca, dann Tunesien und dann…. dann kamen nur noch die Kanaren in ihren Gedanken in Betracht. Keiner von ihnen zog auch nur eine Minute einen anderen Kontinent in Erwägung. Als dann die Frauen ihren Männern sagten wohin es gehen würde, waren die Reaktionen bei allen gleich. Ein lauter Aufschrei.. "Was, die Dominikanische? Soweit? Wie stellst du dir das vor? Und wie willst du das bezahlen?" Diese Fragen waren aber schnell beantwortet. „Die Reise ist bereits bezahlt, ich stelle es mir nur super vor und…. wann komme ich mit den Frauen dorthin wenn nicht jetzt?" Natürlich nahm es den Männern auch viel Druck als sie hörten, dass die Frauen zusammen reisen würden.

Die Kinder hatten Herbstferien und durften ihre Väter genießen, während die Frauen sich auf den Weg in das auserwählte Paradies machten.

Der Flug mit Condor war schon eine Herausforderung. Der Flug dauerte 11Stunden bis nach Punta Cana, dem Ziel in der Dominikanischen Republik.

Eine Woche, eine sorglose wunderschöne Woche begann für die Frauen, in der sie nur verwöhnt wurden und Karibik genossen. Das Hotel ohne Eingangstür, weil es zu heiß sei für Fenster, das exotisch leckere Essen, die Anblicke der wunderschönen Frauen, der Kreolinnen, die Sonne, das warme Wasser des Meeres, einen Drink an der Poolbar oder auch den besonderen Tanz der Karibik, der nach dem Film Dirty Dancing überall getanzt wurde und sich Merengue nannte. Nachmittags am Pool war stets Tanzzeit mit einem Animateur und viele Menschen nahmen daran teil. Es war das Feeling und die Lebensfreude der Karibik, das sich in der Musik widerspiegelte.

Etwas Neues war für alle eine Bestellung an der Poolbar. Man rief hier nicht nach einem Kellner oder einer Bedienung. Man machte nur den Laut "kssss…ksss" und irgendwie kam immer eine nette Bedienung an den Tisch und nahm die Bestellung auf.

Eine unbeschwerte, vor allem aber lustige Woche erlebten die Frauen dort. Keine dachte an den Haushalt, an die Schule oder sonstige Sachen, um die man sich sonst einen Kopf macht, wenn man zu Hause ist. Alle waren sich einig, es wird schon gut laufen zu Hause mit den Kindern und den

Vätern, was wiederum auch allen ein sicher Gefühl gab. Sie waren wie große lustige Kinder, neugierig auf alles aber auch dankbar für all das Erleben. Dazu stellte sich ein Gefühl von Leichtigkeit und Hunger nach Leben ein. Sie wollten in der Kürze der Zeit, es war ja nur eine Woche, alles innerlich aufnehmen was sie sahen. Exotik genießen und Karibik träumen. Die Farben der Karibik, der weiße lange Sandstrand, das Blau des Meeres, das sehr warm war und fast keine Abkühlung bot, aber auch das Grün der Palmen am Strand, die vollhingen mit Kokosnüssen und die Sonne, erleichterten das Träumen.

Manchmal hatten sie abends Bauchweh vom Albern und Lachen wenn sie ins Bett gingen.

Der schöne Urlaub ging viel zu schnell zu Ende. Eine unvergessene glückliche unbeschwerte Zeit hatten sie hier verbracht und jede hing während des Rückfluges diesen Erinnerungen nach.

Natürlich ließen es sich die Männer nicht nehmen die Frauen am Flughafen Frankfurt persönlich mit einem kleinen Präsent und Blumen abzuholen. Sie standen da mit Rosen in den Händen und Tränen in den Augen als sie ihre Frauen wiedersahen. Es gab noch nie vorher, einen solch ehrlich warmen, herzlichen und befreienden Empfang wie an diesem Tag.

Die Frauen machten noch mehrere Urlaube zusammen, aber dies war der aufregendste und der schönste Urlaub von allen.

VON NATURGEISTERN UND ELFEN

Vor vielen Jahren auf der Suche nach einem Urlaubsquartier entdeckte ich das Dorf. Es liegt idyllisch umringt von Weinbergen und einem Hausberg. Ein steiler Weg führt dort hinauf und man gelangt in einen Wald, der die Kuppe des Hausberges bildet. Von dort oben liegt das Dorf eingebettet wie eine Perle in einer Muschel. Es sind nur einige hundert Bewohner die hier leben, doch das Zusammenleben ist fantastisch. Jeder kennt hier jeden. Man grüßt sich herzlich wenn man sich trifft und erkundigt sich nach dem Ergehen des anderen. Kinder sind hier erwünscht, haben einen großen Spielplatz und niemand empfindet Kinderlachen und Tollen als Lärmbelästigung.

Die Kinder besuchen gerne die älteren Mitbürger, die ihnen im Gegenzug Geschichten erzählen oder ihnen Süßes zustecken. Wenn jemand Hilfe braucht, gibt es hier gleich unzählige helfende Hände. Es ist eine ungemein wohltuende Gemeinschaft, die mich sehr herzlich hier aufgenommen hat, und ich beschloss hierher zu ziehen.

Ich konnte ein altes Haus erwerben, dass ich mir mit Hilfe einiger Dorfbewohner sehr schön herrichtete. Es war die ehemalige Schule des Dorfes

mit einem direkt angrenzenden Garten. Obst-
bäume sind Teil des Gartens, ebenso wie unzäh-
lige Blumenarten. Ich habe große Freude an der
Gartenarbeit und versuche mich als Hobbygärt-
ner mit dem Anbau von Tomaten, Salat, Gewür-
zen, Gurken, Zucchinis und Kartoffeln. Salbei,
Pfefferminze und Zitronenmelisse. Die kann ich
zu Tee verarbeiten und so brauche ich wenig, was
ich einkaufen muss. Von allem was mir die Erde
an üppigem Ertrag bringt, kann ich den Leuten
des Dorfes etwas abgeben und sie handhaben es
ebenso.

Meinen absoluten Ruheplatz im Garten finde ich
unter dem alten Kirschbaum, um den herum ich
mir eine Bank mit einem Tisch gebaut habe. Hier
hänge ich gerne meinen Gedanken nach, lese ein
Buch oder plaudere mit Gästen die mich besu-
chen. Ich höre gerne den Amseln zu, sehe scheue
Meisen und beobachte viele andere Vogelarten.

An lauen Sommerabenden trinke ich gerne ein
Glas Wein im Schatten des Baumes und fachsim-
pel mit meinen Besuchern über Gott und die
Welt.

Am Ende des Gartens habe ich mir einen kleinen
Teich mit Goldfischen angelegt, der von einem
nahen Bach gespeist wird.

Mein Anwesen in diesem Dorf ist für mich Hei-
mat, ist alles was ich mir nur wünschen kann. Ich
brauche nicht viel zum Leben, keinen Luxus. Der
Blick in die Natur belohnt mich, ebenso die

Dorfgemeinschaft. Das ist für mich der größte Reichtum.

Im Dorf selbst findet man noch einen Schuster, einen Bäcker, einen Arzt und einen kleinen Tante Emma Laden, wo man das Nötigste an Nahrungsmitteln kaufen kann. Alles zusammen ist für mich mein Paradies.

Ein merkwürdiges Erlebnis

Eigentlich schlafe ich schon mein ganzes Leben lang gut und gerne. Warum ich an jenem Sommertag allerdings so früh aufwachte, ich weiß es bis heute nicht. Wahrscheinlich bahnten sich schon, bevor es mir bewusst war, Geschehnisse des Tages an, den ich bis heute nicht vergessen kann.

Der Wecker zeigte erst fünf Uhr am Morgen, ich fühlte mich ausgeruht und fit für den Tag.

Ich sah aus meinem Schlafzimmerfenster den beginnenden Sonnenaufgang hinter meinem Haus über der Bergkuppe, die rot gefärbt war. Ein grandioses Geheimnis höherer Macht.

Im Garten sangen schon geraume Zeit die unterschiedlichsten Vögel gerade so, als würden auch sie die Sonne begrüßen wollen.

Ein kleiner Hase hoppelte noch schnell durch den Garten und entschwand dann über die angrenzenden Wiesen durch ein Loch im Zaun.

Laut Wetterbericht sollte es wieder ein heißer Tag werden und ich beschloss einen Spaziergang vorbei an den Weinbergen in den nahegelegenen Wald zu machen. Viele Menschen trifft man so früh nicht an, es ist sozusagen ein ruhiges Fleckchen inmitten der Natur.

Der Wald ist ein Mischwald aus Tannenbäumen, Buchen und dicken Eichen, die den Hauptbestandteil der Bäume bilden. Im Sommer gibt es hier Heidelbeeren in Fülle, danach Preiselbeeren. Im Herbst findet man viele essbare Pilzsorten und eine Vielzahl an Kastanienbäumen sorgt für Sammelfreude bei Groß und Klein. Sowohl zum Füllen der Weihnachtsgänse, aber auch als Bastelspaß.

Man läuft auf weichem Grund der Waldwege und nach einem Spaziergang im Wald ist der Kopf gedankenfrei und klar.

Vom Bergplateau aus hat man ein wunderbares Panorama auf das unten liegende Dörfchen das aussieht, als gehörte es zu der Kulisse einer Spielzeugeisenbahn. Zwei rüstige Rentner meines Dorfes haben in liebevoller Arbeit eine Bank hier aufgestellt. Diese belohnt für den etwas mühsamen Aufstieg mit grandioser Aussicht.

Gedankenversunken schaute ich beim Laufen auf meine Füße, sah kleine Kieselsteinchen unter meinen Schuhsolen wegspritzen. Ich atmete tief die wohltuende frische Morgenluft ein. Bald schon erreichte ich den Wald und der Boden wurde weich und bequemer zum Laufen.

Alle Wege hier führen zu einem bestimmten Ziel, das man in längerer oder kürzerer Zeit erreichen kann. Es ist eine kleine Kapelle, die dem Erzengel Michael geweiht ist.

Ich bog hier und dort einfach in einen kleineren oder breiteren Weg ein und fühlte mich richtig wohl, frei und glücklich.

Plötzlich stolperte ich unversehens über eine, auf dem Waldboden liegende Baumwurzel und fiel ungelenk zu Boden.

Nach dem ersten "Oh Je" dachte ich noch "wie dumm von dir, hast du denn keine Augen im Kopf" versuchte ich wieder aufzustehen, was mir aber nicht gelang.

Die Wurzel

Ich haderte noch mit meiner Tollpatschigkeit, als ich ein lautes Lachen hörte. So laut, dass ich fast Angst bekam. Aber, das konnte doch nicht sein! Ich war alleine hier, kein Mensch weit und breit zu sehen. Da bewegte sich die Wurzel über die ich gestolpert war und ich konnte ein Gesicht in ihr erkennen. Ja, ein Gesicht mit einem Mund der sagte "Zweihundert Jahre bin ich hier verwurzelt,

aber noch nie ist jemand so plump über mich ge-
purzelt. Wenn du betrittst unseren heiligen Be-
reich, bist Mensch du einem Trampeltier gleich.
Wundere dich nicht, Mensch, nun bist du klein
wie wir. Willkommen im Reich der Naturgeistwe-
sen, Feen und Zwerge, deren König Oberon dich
heute empfangen möchte, um dir eine wichtige
Nachricht für die Menschen zu geben. Er wird
dich später zu sich rufen lassen."

Ihr könnt es mir glauben, ich fasste an meine
Stirn, hatte ich Fieber? Oder gar Halluzinationen?
Ich drehte mich zur Seite und sah…. unvermit-
telt in zwei riesengroße braune Augen einer roten
Waldameise. Sie wiegte langsam ihren Kopf hin
und her, beäugte mich sehr neugierig, genau wie
ich sie auch. So riesig hatte ich diese Ameisen gar
nicht in meiner Erinnerung.

Das ist alles gar nicht wahr, das ist nur ein
Traum. Bestimmt liegst du zu Hause in deinem
Bett und träumst dies alles hier. Eine Wurzel die
spricht, eine Waldameise die größer ist als ich, wo
gibt's denn so was? Das alles was gerade hier ge-
schieht gibt es in Wirklichkeit gar nicht, ver-
suchte ich mir noch Mut zu machen und so be-
gann ich laut zu singen. Lalalala lalalala,
juchheissassa.

Dann drehte ich langsam meinen Kopf um
meine Umgebung näher zu untersuchen. Die
mich umgebenden Tannenbäume erschienen mir
unendlich hoch und groß. Selbst die Büsche

erschienen mir riesig. So groß, dass mir ganz mulmig wurde.

Ich versuchte wieder aufzustehen, da meine Turnschuhe drückten. Da stand neben mir ein kleines Wesen, sein Ärmchen in die Hüften gestemmt, grünen Pullover an und eine Art gelbe Hose. Was mir auffiel, er war barfuß. Aber das schien ihn gar nicht zu stören. Er hielt sich den Bauch vor Lachen und stellte sich dann mit einem Handschlag vor. Er sei ein Kobold, meinte er und irgendwie hatte ich das Gefühl einen solchen Gesellen schon mal im Fernsehen gesehen zu haben. Seine feuerroten Haare waren total zerzaust, aber er hatte etwas Warmes in seiner Stimme und in seinen Augen. Noch einmal kam der Gedanke an Flucht bei mir auf als ich feststellte, dass ich genau so klein, bzw. groß war wie er. Meine Finger, meine Füße, mein Körper, alles war sehr klein.

Wieder überschlugen sich meine Gedanken und ich wünschte mir aus diesem Traum aufzuwachen.

Dieser Zeitgenosse hatte eine spitze Nase und lange Zähne. Er nahm seine Hände zwischen die Lippen und pfiff zweimal kurz einmal lang. "Alles in Ordnung, ihr könnt kommen. Es ist ein Mensch, keine Sorge. Er wurde uns geschickt und hat heute ein Date mit dem König. Wir warten ja schon lange auf dich" sagte er und blickte mich irgendwie komisch und prüfend an.

Ehe ich verstand was er meinte, war ich umringt von vielen seiner Art. Jeder Kobold war anders angezogen, sehr bunt, fast wie die Menschen in früherer Zeit der Hippies. Sie umzingelten und beäugten mich und ich muss gestehen, mir war gar nicht wohl bei der Sache.

Viele Gestalten untersuchten vorsichtig meine Hände, die Füße, mein Hemd und meine Haare. Das kitzelte sehr am ganzen Körper. Besonders die Haare hatten es ihnen angetan und sie wuselten in meiner Frisur rum. Wahrscheinlich haben die wirklich noch nie einen Menschen von nahem gesehen, schoss es durch meinen Kopf. So viel Neugier, das war schon bedenklich.

Ich schaute wahrscheinlich sehr verdutzt und da sie das komisch fanden, lachten sie alle sehr laut. So laut, dass es von überall widerhallte und dieses Lachen erhellte den Wald. Um ihr Vertrauen zu gewinnen lachte ich auch lauthals mit. Wahrscheinlich mehr aus Verzweiflung oder aus Angst, ich wusste es nicht so genau.

Lustige Gesellen

Es raschelte überall um mich herum und ich konnte kleinere und auch größere Natur und Erdgeisterchen sehen. Wunderschöne Figuren und Körper, die aus allen Richtungen auf mich zukamen. Sie hatten unterschiedlichste Größen,

Haarfarben und Bekleidungen. Aber eines hatten sie gemeinsam, die Neugier mich betreffend.

Die bunten Kobolde hatten es sich auf der Wurzel bequem gemacht, sie wuschelten mir am Kopf, andere setzten sich auf meine Schulter und einer untersuchte schließlich akribisch noch mein Ohr, was sehr kitzelte.

Alle hatten ihren Spaß bei der Menschenerkundung. Allmählich fasste ich Mut und begann mit ihnen zu sprechen.

Wer sie denn seien, was sie so machen, was und wo sie arbeiten und wo sie wohnen hier im Wald. Alle gaben mir gerne und bereitwillig Auskunft.

Die einen wohnten in Baumhöhlen, die anderen in Moosen und einige erzählten mir, sie wohnten unter dem Erdreich in Kanälen, die miteinander verbunden sind. Die meisten arbeiteten schon viele Jahrhunderte als Waldarbeiter hier, als Diener des Königs und Saubermänner, die den Wald und die Natur stets aufräumen und reinigen. Einige von ihnen seien schon mehr als 400 Jahre alt, andere etwas jünger. Sie erzählten mir auch, was sie hier im Wald schon alles erlebt haben, welche Tiere sie persönlich kannten. Ich erfuhr Geschichten über die weise Eule, die des Nachts im Wald herrscht, den Luchs, den cleveren Dachs, den schnellen Hasen, vom schlauen Fuchs und dem scheuen Rehlein, das vor zwei Wochen ein Kitz im Wald auf die Welt gebracht hat.

Die Waldgeister verstehen die Sprache der Bäume und weil diese für alle Lebewesen wichtig sind, halten sie besonders den Bereich um die Baumwurzeln sehr rein. Die Wurzeln der Bäume werden bis in die Tiefen gepflegt, dass jeweilige Baum schön wachsen kann.

Aufregend finde ich dieses Wissen und ich begann Fragen zu stellen. Ja, Bäume können miteinander kommunizieren. Es gibt die Wurzelkinder, die leben in den Wurzeln der Bäume und sind fleißige Gesellen, die ebenfalls gerne lachen. Auch sie sind Naturgeister erzählte man mir.

Der Älteste der Kobolde berichtet dann, dass es auch Menschen gelingen könne mit Bäumen zu sprechen und sie zu verstehen. Bestimmte Bäume sind für den Menschen ein Ruheplatz, wo er sich mit den Wesenheiten des Baumes verbinden und seine Seele Ruhe finden kann.

"Wenn du in Not bist, wenn du einen Rat brauchst oder einen Freund suchst, dann suche dir einen Baum. Begrüße ihn mit Respekt, umarme ihn und verbinde deine Gedanken mit den seinen. Dann setze dich nieder zu seinen Wurzeln, lehne dich an seinen Stamm und warte einfach ab was sich tut. Du wirst erfahren, dass ein Baum mit dir sprechen kann. Er wird dir durch seine Weisheit gerne helfen."

Erstaunt und ergriffen höre ich von der Vielfalt und Vielzahl der Arbeiten dieser kleinen Gesellen und erfahre viel über die Geheimnisse des

Waldes, der Bäume, der Moose, der Pilze und natürlich auch die der Tiere.

Dann folgte eine kleine Redepause, Stille machte sich breit, als ein engelgleicher Gesang an meine Ohren drang. Auf dem Boden um mich herum begannen Moose und Gräser zu leuchten, gerade so, als ob jemand tausende Lichter angemacht hätte. Ja, es sah fast so aus, wie tausende und abertausende glitzernde Tautropfen. Alles blinkte und funkelte im Sonnenlicht. Ich erkannte, dass auch dies mir fremde Naturgeister waren. Sie wurden mir als Elfen vorgestellt. Ihr Gesang betörte mich sehr und auf einmal lag ein süßer Duft in der Luft. Die Elfen waren so schön, ich kann es gar nicht beschreiben. Eigentlich dachte ich immer, Elfen gibt's nur in Märchen. Aber hier kamen sie tatsächlich angeflogen und erhellten den Wald. Sie hatten durchsichtige Flügel, fast wie Libellen, wunderschön.Ihre Körper wie aus Kristall, schimmernd und schön.

Ihre Lieder waren eine Sommermelodie, die den Wald durchdrang und auch mich. Tief bewegt und überwältigt konnte ich meine Augen nicht von ihnen abwenden. Es war, als würde der Himmel bunte Tautropfen schicken, die von der Sonne beleuchtet wurden.

Eine Elfe, ganz in Gold lächelte mich an, flog mir die ganze Zeit um die Nase herum und betrachtete meine Nasenlöcher.

"Welch wundersames Erleben ist das heute" dachte ich noch beim Anblick der vielen Gestalten um mich herum. "Was wird mein Freund Klaus sagen, wenn ich ihm von meinem Erlebnis berichte? Wird er mir glauben, dass ich all die Naturwesen persönlich gesehen und mit ihnen gesprochen habe?"

Doch schon waren meine Gedanken wieder bei dem Elfengesang, der mich betörte und fast hypnotisierte.

Wahrscheinlich war die Lautstärke ausschlaggebend dafür, dass immer mehr Naturgeister angezogen wurden. Ich kann sagen, aus allen Richtungen des Waldes kamen nun die unterschiedlichsten Gestalten. Alle waren sehr höflich, nett, witzig und gaaaanz neugierig.

Mich faszinierten auch ihre Namen, denn die hatte ich noch nie gehört. Sie hatten etwas Magisches, Fremdes, Außerirdisches, Neues.

Ein Troll, so wurde er mir vorgestellt von den anderen Bewohnern, bereicherte die Runde unserer Gesellschaft. Im ersten Moment sah er fürchterlich zum Erbarmen aus, voller Moos und Dreck. Er konnte sich unsichtbar machen, stand mal links, mal auf dem Baumstamm, mal direkt rechts neben mir, war von brauner, fast lehmiger Statur und trug einen grünen Mantel mit Kapuze aus Moosen und Tannenzapfen. Sein Gesicht war übersät mit Falten. Er trug einen Bart, der ihm bis zum Bauchnabel ging.

Natürlich wollte er mir imponieren mit seinem unsichtbar machen. Da riefen die anderen Gesellen ihm zu "Raon, es ist genug. Wir wissen ja, dass du dich unsichtbar machen kannst. Nun komm her und begrüße herzlich unseren Menschengast." Er kam zu mir, trat dicht vor mich, zog einen Schmollmund der wohl ernst und streng aussehen sollte, doch dann brach er in lautes Lachen aus. Er lachte herzlich, kernig und begrüßte mich überschwänglich. Ich stellte fest, er hatte viel Humor und ich schloss ihn schnell in mein Herz.

Überhaupt kann ich nicht sagen, wer mir von allen Naturgeistern am besten gefiel. Jedes der Geistwesen war auf seine Art charmant, nett und lustig. Sie hatten so viele Fragen, die ich dann meinerseits versuchte zu beantworten. So wollten sie beispielsweise wissen, wie meine Wohnung aussieht, warum meine Haare so lockig sind, warum ich mich wasche, warum ich Schuhe trage, wieso ich Geld verdienen müsse, es ginge doch auch bei ihnen ohne Geld und wie Menschen lernen. Das war für alle besonders interessant und spannend, als ich von unseren Schulen und Universitäten erzählte. Ich merkte, dass ich gewillt war ihnen alles zu erklären, aber auf viele Fragen hatte selbst ich keine Antwort, weil ich mir darüber auch noch nie Gedanken gemacht hatte.

Immer mehr lustige Gesellen

Wir saßen mittlerweile alle in einem großen Kreis an einen Baum gelehnt, debattierten und philosophierten über alles Mögliche, als sich eine größere Schar von Waldarbeitergeistern zu uns gesellte. Noch immer war ich fasziniert und gefangen in dem ganzen Geschehen. Da erblickte ich 10 Zwerge, die mit Eimern, Hacken und Schaufeln aus verschiedenen Richtungen auf uns zukamen und denen man die schwer verrichtete Arbeit ansah. Alle Naturgeistwesen schienen sich untereinander zu kennen. Sie gingen sehr sorgsam, respektvoll und lieb miteinander um und begrüßten sich so, wie ich es mit meinen lieben Nachbarn tat.

Die Zwerge, sie sind so menschenähnliche Gestalten, wie ich sehen konnte. Später erzählten auch sie mir von ihrer Aufgabe und ihrer Arbeit. Auch sie sind sehr aufmerksame und fleißige Gesellen, die im Wald, in den Gärten der Menschen, aber eigentlich über die ganze Welt verteilt täglich die Erde säubern. Sie hacken, schaufeln, rechen und erreichen überall, dass ein großes Blühen und Wachsen stattfinden kann. Mit großer Verantwortung und Liebe werden sie ihrem Auftrag, der Erhaltung der Erde, gerecht.

Sie klärten mich über vielerlei Blumen, Pflanzen und Bäume auf, wie welche Pflanze gepflegt werden muss und wie sie ihre Arbeit auch unter erschwerten Bedingungen verrichten. Oftmals ist die Arbeit der kleinen Wesen eine große

Herausforderung. Besonders dann, wenn der Erdboden sehr hart ist, wie in einem trockenen Sommer, aber auch in eiskaltem Winter, wenn der Boden gefroren ist.

Ich zollte den Arbeiten der kleinen Geistwesen großen Respekt und Bewunderung für so viel Engagement, von dem ich bis heute Morgen noch nichts gewusst, geschweige denn geahnt hatte.

Mit all den Natur und Waldgeistern tauschte ich mich lange und ausführlich aus, lernte viele ihrer Aufgaben kennen und wertschätzen, als eine Glocke ertönte. Ein tiefes BIM BAM und nochmaliges BIM BAM ließ eine Aufregung unter den Naturgeistwesen entstehen die mir zeigte, hier bahnt sich jetzt etwas Besonderes an. Überhaupt konnte ich nicht sagen, wie lange wir hier schon saßen und plauderten, aber das interessierte mich in diesem Moment auch nicht wirklich.

Zu Gast beim König

Die kleinen Geistwesen luden mich ein, Gast an des Königs Tafel zu sein.

Zwei Elfen, die golden blinkten und sich als Elfe Tankjuwell und Elfe Lisamee vorstellten, putzten schnell ihre Flügel und zupften ihre Kleidchen noch glatt, bevor sie eilig zum Palast des Königs flogen.

Die rote Waldameise deutete mir, mich auf ihren Rücken zu setzen. Sie wurde als rennender Bote eingesetzt, quasi als "Waldtaxi". Weil ich klein war und die Ameise größer als ich, kreuzten die Wichtel die Hände, so dass ich aufsteigen konnte. Diese lief auch schnell los, begleitet von der ganzen Schar der Naturgeistwesen. Im Eiltempo ging es zum Königsschloss, auf das ich sehr gespannt war. Die Naturgeistwesen hatten es mir bereits beschrieben und ich hatte in den Gesprächen das Gefühl, dass sie ihren König wohl sehr liebten und verehrten.

Mir war auf der rennenden Waldameise ganz wohl zumute. Ich legte meine Arme um ihren Hals, damit ich nicht runterfallen konnte. Als wir das Schloss erreichten, war sie ganz schön außer Puste.

Die Naturgeister hatten mir schon viel erzählt von König Oberon und seiner wunderschönen Frau Titania, die schon unzählbare Zeiten über das Elfen, Feen, Waldgeister und Zwergenreich herrschten. Er sei, so meinten sie, ein überaus weiser, angesehener, gerechter und ehrbarer König, dem sein Volk sehr zu Dank verpflichtet sei. Jedes Naturgeistwesen stelle gern seine ganze Kraft in den königlichen Dienst.

Etwas flau war mir im Magen, als die Waldameise andeutete, ich könne absteigen. Um es mir etwas leichter zu machen ging sie in die Knie, so dass ich mit einem kleinen Rutsch auf weichem Boden landete.

Neugierig sah ich mich um als sie meinte "Schau doch nur, der Eingang zum Schloss ist sehr klein, aber du passt wunderbar dort rein. Das Tor ist getarnt mit Moosen und Flechten. Wenn du sie zur Seite schiebst, wirst du ins Schloss gelangen und ohne Schwierigkeiten den Wurzelsaal erreichen. Das ist der Empfangssaal des Königs, wo er auch uns Naturgeister empfängt. Die anderen dienstbaren Geistwesen können durch einen Nebeneingang ins Schloss gelangen."

Ich begab mich, wie gezeigt zu dem Eingang und nach kurzer Zeit hatte ich auch das Tor geöffnet, welches ein Bollwerk war, getarnt mit Flechten, Gehölzen und dicken Ästen. Ach ja, die Spinnweben nicht zu vergessen. Durch dieses Tor ist bestimmt lange schon keiner mehr gegangen, dachte ich mir beim Betreten.

Im großen Wurzelsaal

Die Eingangstüre knarrte gespenstisch, als ich
das Schloss betrat. Ich hörte bereits aufgeregtes
Gesumme, Gerede, Gebrumme und Geraune. Im
Inneren des ersten Raumes stand eine Garde von

uniformierten Käfern, die allerdings keine größere Notiz von mir nahmen.

Ich folgte, über weichem Moosboden gehend den Stimmen in einen Raum und staunte nicht schlecht, als ich ihn betrat. Dieser Saal war geschmückt mit exotischsten Blumen und Wurzeln. So etwas habe ich noch nie gesehen.

Die Wände waren teilweise mit Holz und Rinden getäfelt und ich weiß nicht, wie viele Leuchtkäfer hier für wunderbares Licht sorgten. Es war jedenfalls taghell. Ich betrat wirklich andächtig diesen Saal, den die Naturgeister mir als Wurzel oder Empfangssaal des Königs beschrieben hatten.

Meine neuen Bekannten und Freunde, die Trolls, Kobolde, Elfen, Zwerge und Ameisen waren bereits vor Ort und hatten Platz an den Seiten des Saales bezogen, während ich immer noch staunend mit offenem Mund in der Mitte des Saales stand und nicht glauben konnte, was gerade hier geschah. Genauer gesagt, wie mir geschah.

Da ertönten laute Fanfaren. Nochmalig die bereits gehörten Glocken und alle Geistwesen knieten nieder, denn der König betrat den Saal, zusammen mit seiner Gemahlin Titania. Es war ein berührender, erhabener Augenblick, das gebe ich zu, auch für mich und ich kniete, ebenso wie meine kleinen Freunde, vor den beiden Majestäten nieder.

Der König war ein kleiner, dicker Geselle, das fiel mir auf. Er hatte einen langen samtartigen Umhang um seine Schultern, saphirblau und silberdurchwirkt mit seidenen Fäden. Mit ebenso tiefblauen Steinen in der Farbe seines Mantels war auch seine Krone geziert, die aus kleinen Ästchen gewunden war und einige wundersame Blüten enthielt. In seiner Hand hielt er ein Zepter, welches einer krummen Wurzel glich. Darauf waren verschiedene, mir unbekannte Symbole geschnitzt. Er hatte einen Backenbart, sah sehr gepflegt, stolz, richtig königlich und sehr liebevoll aus.

Seine korpulentere Frau hatte wallendes rotes Haar und trug eine weiße Orchidee hinter jedem Ohr, die betörenden Duft verströmten.

Ihr glänzend grünes, mit Goldfäden durchwirktes Gewand ließ ihr Haar nochmal so rot aussehen, als es in Wirklichkeit war. Eine bildhübsche Königin, mit den gütigsten grünen Augen, die ich je gesehen habe, dachte ich bei mir. Auch sie hatte ein Zepter aus einer Wurzel in der rechten Hand, jedoch mit anderen Symbolen drauf als ihr Mann. Sie trug eine Krone, die ebenfalls mit Blüten und kleinen Ästchen meisterlich mit grünen Steinchen geschmückt war. Es war die gleiche Farbe von Edelsteinen, wie auch die Farbe ihres Umhanges.

Langsam schritten die beiden königlichen Majestäten die Gästereihen ab. Hier und dort blieb der

König stehen und begrüßte die Abordnungen der verschiedensten Waldgeister.

Dann kam er zu mir, der ich noch immer kniete. Er sah mich mit seinen gütigen blauen Augen an, nahm meine Hand und hieß mich aufstehen. Dann verbeugte er sich kurz und sagte "Mein Name ist Oberon. Ich bin der König hier im Naturgeisterreich und dies," er deutete auf seine Gemahlin, die neben ihm stand mit einer erhabenen Handhaltung "dies ist meine Frau Titania. Meinen großen Hofstaat hast du bereits kennengelernt, mein Freund, wenn ich dich jetzt so nennen darf?! Als solchen heiße ich dich herzlich und ehrlich willkommen in meinem Schloss. Fühl dich wohl, genieße wie wir die gute Küche der Natur, die wir dir kredenzen und später werde ich dir gerne meinen Garten zeigen. Sicherlich ist dies alles nicht einfach für dich zu verstehen. Vieles wirst du vergessen haben, wenn du wieder zu Hause bist.

Mein Freund, du bist nicht umsonst auserwählt worden zu uns zu kommen, denn wir Naturgeister haben ein großes Anliegen an die Menschen. Doch.. lass uns erst einmal anstoßen auf unsere Freundschaft."

Er klatschte in die kleinen Hände, seine Frau nickte und lächelte. Dann kamen auch schon einige Diener an, die Tannenhonig auf kleinen Tabletts servierten. Der gesamte Hofstaat, also die Naturgeister, die ich zuvor im Wald kennengelernt hatte, bekamen auch ein Glas mit einem guten Tropfen des Honigs und ich bemerkte, wie sehr sie alle ihren König und seine Frau verehrten und mochten. Es gab keine Berührungsängste, der König war zu jedem gut, ging umher und fragte jeden nach seiner Arbeit. Ob er erfolgreich war, ob es Schwierigkeiten gegeben habe oder ob er etwas für ihn tun könne. Ich war sehr ergriffen von so viel Liebe, die von all diesen Wesen ausging.

Der Honigtrank war erfrischend und stärkend. Zum großen Essen an der langen, mit vielen Blumen gezierten Tafel gab es allerlei Kräuteriges. Ich kannte nichts davon, aber es schmeckte wunderbar. Serviert wurde das Essen wiederum von den Käfern, die im Vorraum zuvor schon Spalier standen und auch von Elfen.

Mein Bauch war bald voll, mein Hunger gestillt mit all den Köstlichkeiten, die aufgetragen wurden. Während ich mir mit Freude diese ganze Essensszenerie ansah, saß ich zur Rechten des Königs und seiner Gemahlin. Ich war der Ehrengast und konnte mir immer noch nicht erklären, warum gerade ich hier bin. Während des Essens war Oberon sehr redselig. Am lustigsten fand ich es als er mir sagte, wenn er aufgeregt sei, würde er immer in Reimen sprechen. Das sei gut für den Geist und würde ihm helfen die Konzentration zu erhöhen.

Daher berichtete ich ihm, dass ich ebenfalls Gedichte schriebe in Reimform und diese den Menschen vorlese, um ihren damit eine Freude zu machen. Wir machten uns dann noch einen Spaß daraus, einige Reime gegenseitig zu kreieren und lachten viel. Wir hatten vor lauter Reimerei richtig rote Backen bekommen und ich merkte nicht, dass ich in einem Reich war, das ich noch nie kennengelernt hatte.

Nach einem mehr als verführerischen Nachtisch der, ebenso wie das vorausgegangene Essen mit vielen Blüten verziert war, kam Oberon leise auf mich zu und meinte, gerne würde er mir jetzt seinen Garten zeigen und mir einige Dinge, die er als sehr wichtig erachte, erklären und mitgeben.

Die Botschaft des Königs für die Menschen

Wir beide begaben uns also hinaus aus dem Wurzelsaal, in einen weitläufigen Garten. So muss es aussehen im Paradies, dachte ich noch bei mir, als ich die Vielfalt der Blumen und Blüten, der Farben und Vogelarten sah, die ich hier vorfand. Die Duftpalette wirkte fast hypnotisch. Es war angenehm warm im Garten und ich konnte Schmetterlinge in den wunderbarsten Farben sehen.

117

Oberon hatte wohl meine Faszination bemerkt und während des gemeinsamen Gehens entlang der Beete meinte er, seine Aufgabe sei es die Natur zu verwalten. Diese Aufgabe habe er vom Schöpfer erhalten. Und mit all den fleißigen Gesellen, wolle er sich gerne täglich dieser Aufgabe stellen. Dann schaute er sehr ernst rügte die Menschen, besonders ihr Handeln, im Wald sollten sie lieber stets auf festen Wegen wandeln. Denn, durch ihre Unachtsamkeit und Unbedacht, wurde schon manche Naturgeisterkapelle zerstört und kaputt gemacht.

Er erzählte mir von den Tieren im Wald die, wenn sie eine Naturgeisterkapelle sehen, umdrehen oder andere Wege gehen. "Nur Menschen," so tadelte er weiter, "werfen einfach weg, ihren mitgebrachten Dreck. Sie lassen ihn im Walde liegen, ohne sich zu kümmern wer ihn wegräumt oder was aus ihm wird. Die Menschen zertreten und machen alles platt, junge Pflanzen, oder von uns ausgesäte neue Saat. Menschen, die ziehen wild lärmend durch unsere Gefilde. Menschen, das sind manchmal Tiere, ganz wilde. Weißt du, mein Freund, wir Naturgeister kommen fast nicht mehr nach, die Natur noch zu schützen. Dabei wollten wir doch nur nützen.

Wie er so sprach, ich schämte mich so, denn ich wusste, er hat Recht. Wie oft habe ich schon gelesen oder auch mitbekommen, dass Menschen so viel Unrecht an der Natur verüben.

Achtlosigkeit ist ein großes Thema, denn viele Menschen lassen ihren Müll einfach in der Natur liegen, gedankenlos! Sie fragen sich erst gar nicht, ob es sich lohnen würde, ihn mit nach Hause zu nehmen und ihn dort zu entsorgen. An vielen Stellen im Wald finden wir Plastik-und Bierdosen, ja sogar Flaschen, die einfach weggeworfen, eine Belastung für die Natur darstellen." "Schau dir nur die Meere an," meinte er." Es schwimmt ein riesiger Plastikteppich auf dem Ozean und die Menschen schauen hilflos zu und unternehmen nichts dagegen. Die Zahl der Fische, Wale und Seelöwen wird drastisch dezimiert. Viele der weisen Delfine müssen sterben, weil der Grund des Meeres ebenfalls vermüllt ist. Für unsere Freunde, die See und Meeresgeister ist das nicht mehr zu tolerieren. Sie fordern ein sofortiges Umdenken und Handeln.

Große Ölkonzerne bauen unsichere Pipelines in den Meeresboden und nun auch noch in die Arktis. Profitgier ist ein großes Problem der Welt. Die Menschen tun zu wenig um ihre wundervolle Welt zu erhalten. Auf der Suche nach Ölfeldern, auf dem Grund der Meere, schaut euch nur an die Ölpest, die Misere. Ihr Menschen glaubt, ihr habt an alles gedacht und dabei schon so viel kaputt gemacht. Der Regenwald, er ist auch unser Lebens und Wirkbereich. Eure Jagd nach Edelhölzern macht ihn bald dem Erdboden gleich. Das Ökosystem ist überall total gestört, weil ihr Menschen nicht auf uns Naturgeister hört."

Oberon, als hätte er meine Gedanken erraten, nahm mich an die Hand und sah mir ernst in die Augen. Er sah sehr traurig aus, als er zu mir sprach: "Eure Straßen aus Beton und Asphalt, nehmen uns Naturgeistern immer mehr unser Zuhause, den Wald. Immer tiefer grabt ihr Menschen in die Erde rein, ihr meint Erdwärme und Tagebau, das müsse so sein. Berge werden nach Edelsteinen ausgehöhlt, die mit guten Geistwesen sind beseelt. Alles das ist euch Menschen egal, ihr seid für die Natur, entschuldige, oftmals eine Qual. Der große Plan, einst war er toll, dass jedes Lebewesen mit der Schöpfung in Frieden leben soll. Doch habt ihr Menschen unterdessen, Gottes Planung und das Ziel vergessen. Raubbau treibt ihr mit der Mutter der Erden, nehmt Heimat vielen Tieren und auch ihren Herden. Die Plätze, wo sie geboren und wurden satt, macht ihr mit Teer und euren Walzen einfach platt. Abfälle aus der Urananreicherung, achtlos in Fässern in Stollen gelagert. Für uns ist das keine Bereicherung. Die Abgase eurer Autos und der Fabriken, für unsere Nasen ist das kein Entzücken. Ihr hinterlasst euren Kindern Krankheit und Allergie, das wollte der Schöpfer nie für sie. Profitgier ist auch ein Thema in der Zucht. Der Mensch nur noch den Mammon sucht. Vergiftet Eier, Hühner, Schweine und Rinderfleisch, doch diese Schuld macht krank und niemals reich. Sieh her, du Mensch, wir Geister können nicht mehr ruhn, es gibt so Vieles auf der ganzen Welt zu tun.

Ohne uns, uns Naturgeistwesen von Gott, wäre eure Welt schon lange aus dem Lot. Glaubt es nur ihr Menschen, es bringt euch kein Glück, irgendwann schlägt die Natur zurück. Eure Kriege hinterlassen eine blutige Spur, nicht nur am Menschen, auch in der Natur. Dort wo eure Bomben nieder gehn, werdet ihr nie mehr Erdengeister sehn."

Und plötzlich liefen dem kleinen Wicht, ganz dicke Tränen über sein liebes runzeliges Gesicht. Er konnte nicht weitersprechen, ich fühlte mich hilflos. Wollte so gerne etwas sagen, alles blieb in meiner Kehle stecken. Auch ich musste weinen, genau wie alle anderen Erdengeister, die diesen Worten gelauscht hatten. Sie trösteten sich gegenseitig, umarmten sich voll Trauer und versuchen sich dann die Tränen zu trocknen. Ein Weinen und Schluchzen war lauthin hörbar. Trauer herrschte in der Stille.

Ich verstand die Worte nur zu genau, die er mir sagte. Ja, der Mensch zerstört die Welt und damit sich selbst. Und die stets helfenden und überall auf der Welt agierenden Geistwesen können fast nichts mehr tun. Das war auch meine Meinung. Zusammenfassend hat mir dies noch niemals jemand so deutlich gesagt. Ich erkannte die Zusammenhänge. Der Mensch kann nicht ohne die Naturgeister und die Naturgeister können sich nicht mehr gegen Egoismus, Raffgier und

Ausbeutung der Menschen wehren. Es herrscht ein Ungleichgewicht, dessen Ende nicht überschaubar ist. Es sollte und muss sich schnellstens etwas ändern.

Der Fluss meiner Tränen durchnässte mein Hemd und ich dachte nach, was ich ändern kann in meinem Leben zugunsten der Natur. Vor allem, wie kann ich dieses wertvolle Wissen der Geistwesen an die Menschen weitergeben?

Dann fiel es mir wie Schuppen von meinen Augen. Das blinde Zerstören und Ausbeuten kann nichts taugen. Und ich verspreche mich für den Wald und die Natur einzusetzen, im Rahmen des für mich Machbaren. Ich werde Abfälle einsammeln, die ich im Wald oder auch auf der Straße finde und die Natur respektieren als übergroßen Lebensraum. Ja, als absolutes schützenswertes Muss. Daran möchte ich denken, wenn ich wieder einen Spaziergang mache, einkaufen gehe, in meinem Garten arbeite oder ...oder.. oder.. oder. Mir fielen sehr viele Situationen ein, wo ich mich einbringen kann für die Natur. Ich werde dies auch mit all meinen Freunden besprechen, und wir werden einen Weg finden, vieles in unserem Kreis zu ändern. Wir müssen viel achtsamer und dankbarer umgehen mit allen Gütern.

Der König und seine Gemahlin hatten sich wieder etwas beruhigt und versuchten etwas zu lächeln. Da nahm mich Oberon wieder an die Hand und führte mich in einen angrenzenden

Königsgarten. Dieser war über und über mit noch herrlicheren Blumen übersät, die man sich nur vorstellen kann. Der Duft war unbeschreiblich, der in der Luft lag von den vielen vielen Blüten und Blumenarten. Diese habe ich noch nie irgendwo gesehen. Seine Frau Titania summte leise und blickte versonnen, als sie die Blumen liebkoste. Es schwirrten viele Hummeln, Bienen und andere Kleinstlebewesen umher. Der ganze Garten war ein Ort des Friedens. Frieden war in der Luft, in der Erde, in den Blumen, in jeder Pflanze, einfach überall. Und dieser Friede erreichte auch mich und meine Seele.

Vor einem Beet, das in üppigster Farbenpracht der schönsten Lilien stand, die ich je gesehen hatte, die in allen Farben glitzerten und funkelten in weiß, gold, rot, blau, violett sowie purpurfarben, blieb Oberon stehen und dachte kurz nach. Dann betrat er das Lilienbeet und brach eine goldfarbene Lilie, auf der sich das gesamte Sternenfeuer des Nachthimmels zeigte und sprach zu mir mit eindringlicher Stimme

"Du Mensch, was du heute gelernt hast beim Wandern, geh und erzähle davon zu Hause den Anderen.

Merke! Wer Großes plant im Leben,

sollte sich erst mal ganz nach unten begeben.

Um dann die Stufen zu besteigen,

die ihm den Weg zum Ziele zeigen."

Damit übergab er mir die gebrochene hellleuchtende Lilie, drückte sie mir erst ans Herz, dann in die Hand und verabschiedete sich mit den Worten, es sei ihm eine Ehre gewesen mich kennen gelernt zu haben. Ich solle diese Lilie aufbewahren zur Erinnerung an meinen Besuch bei ihm und im Naturgeisterreich.

Dann sprach er noch einen Segen über mich in einer mir unverständlichen Sprache und ging hoheitsvoll aber eiligen Schrittes wieder in sein Schloss, seiner Gemahlin folgend.

Ich stand da, überwältigt von der Schönheit der Lilie und merkte, dass sich eine große Liebe in meinem Herzen breit machte. Ich hätte jetzt die ganze Welt umarmen können, so glücklich war ich und beseelt nach allem Erlebten.

Es begann schon zu dämmern, als ich meinen Heimweg antrat. Innerhalb kürzester Zeit hatte ich wieder meine normale Größe. Auch meine Turnschuhe drückten mich nicht mehr. Ich ging bergab in Richtung meines Hauses. Ich habe niemanden meiner neuen Freunde mehr gesehen.

Wie durch einen Zauber stand ich auf einmal auf dem Weg, auf dem ich morgens noch über die Wurzel gestolpert war. In meinem Kopf drehte sich alles und ich konnte zunächst keinen klaren Gedanken fassen, außer -nach Hause-!

Was war alles an diesem Tag geschehen, welches Wunder!! Wie viele neue Wesenheiten habe ich gefunden, von denen ich bisher nicht wusste, dass es sie gibt. Aber, ich hielt die Lilie in der Hand. Eine wundervoll strahlende, die mir auf dem Heimweg durch ihr helles Leuchten noch einen Dienst erwiesen hatte. Also war es doch kein Traum gewesen. Ich hatte dies alles erlebt, wirklich erlebt.

Zu Hause angekommen, stellte ich gleich die Lilie ins Wasser, natürlich in eine Vase. Hier steht sie nun schon viele Jahre auf meinen Schreibtisch. Unverändert schön.

Sie erinnert mich daran, was ich den Naturgeistern versprach. Sie zu unterstützen in ihrer Arbeit und die Botschaft ihres Königs an die Menschen weiter zu geben.

Willst auch du einen Naturgeist sehen, gehe respektvoll um mit der Natur. Schütze und ehre sie, die Bäume, Blumen, Gräser, aber auch das Wasser. Nur dann kannst du auch ein solch schönes Märchen erleben, wie es mir zu teil wurde.

Die Natur gehört uns allen, sie gehört dir und auch mir, deshalb sage ich heute zu dir:

Lasset uns achten die Tiere, den Wald und die Berge und sie werden uns schützen, die Naturgeister und Zwerge.

ZAUBERBLUMEN

Marleen ist ein quirliges lebhaftes Mädchen mit leicht rötlichen Haaren und wundervollen blauen Augen. Vor ihr ist nichts sicher, keine Steckdose, kein Föhn, keine Treppe. Sie ist stets auf Entdeckungstour durch die Wohnung und den Garten und hat bestimmt mehr als nur einen Schutzengel. Die Neugier auf alles hat ihr schon manche Beule, manchen blauen Flecken und auch Verletzungen an den Beinen und Kratzer an den Armen eingebracht.

Sie ignoriert oft die Mahnungen der Eltern denn ihre Neugier ist übergroß. Stets mit einem einnehmendem Lachen umgarnt sie die Eltern und Großeltern. Sie ist das krasse Gegenteil ihrer Schwester Hannah, die die Ruhigere von den beiden ist.

Eines Tages erzählt ihr die Mama von Zauberblumen die man pflanzen kann, die Wünsche erfüllen können.

"Ha ha, Zauberblumen, so ein Quatsch" kommentiert Marleen den Vorschlag welche zu bestellen. "Blumen können nicht zaubern Mama, das weißt du doch auch!!"

"Nun denn, dann werde ich welche für mich bestellen" sagt die Mutter ganz ruhig und legt den Katalog mit den vielen Blumensortimenten zur

Seite und geht in die Küche um mit der Essens-
vorbereitung zu beginnen.

Verdutzt schaut Marleen auf den Katalog, nimmt
ihn in die kleinen Händchen und setzt sich damit
aufs Sofa. Zauberblumen, so ein Quatsch denkt
sie noch und schaut auf die vielen kleinen bunten
Blüten, die hier abgebildet sind. Aber was ist,
wenn Mama Recht hat und das doch funktioniert
mit dem zaubern? Marleen ist hin und hergeris-
sen, fasst sich aber ein Herz und läuft geschwind
in die Küche.

"Also gut Mama, ich möchte es versuchen. Be-
stell die Zauberblumen, denn sie sehen sehr
schön aus und wenn sie nicht funktionieren,
dann werfen wir sie in die Tonne."

Gesagt…. getan.

Einige Tage später kommt das Päckchen mit den
geforderten Blumensamen. Zusammen mit ihrer
Mutter darf Marleen die Samen in kleine Töpf-
chen legen und mit Erde bedecken. Mama
meinte, man soll vielleicht schon mal den einen
oder anderen Wunsch leise sagen und mit in die
Erde legen, dann würden die Blumen besonders
schön werden. Mit Feuereifer war Marleen dabei
und flüsterte leise ihre Wünsche mit jedem Sa-
menkorn.

"Ich wünsche mir zum Geburtstag die neue Bar-
biepuppe, liebe Zauberblume. Dann wünsche ich
mir, dass wir Ferien auf einem Bauernhof ma-
chen mit ganz vielen Tieren, die ich besuchen

darf. Das Einhorn aus dem Märchen mit dem Prinzen, das mit dem goldenen Sattel, das wäre auch nicht schlecht. Ich wünsche mir das auch.

Und ich wünsche mir, dass meine Schwester öfters mit mir spielen soll und nicht nur an ihren Hausaufgaben sitzen muss."

Nebenan musste die Mama leise lachen, als sie die Wünsche hörte.

Natürlich erzählte Marleen ihrem Vater an diesem Abend von der tollen Einpflanzung der Samen der Zauberblumen. "Hast du dir denn auch recht viel gewünscht?" wollte er wissen.

"Oh ja Papa, aber das darf ich nicht laut sagen, sonst werden die Wünsche nicht erfüllt" antwortete Marleen ernst.

Beide Eltern sahen sich an und versuchten ein ernstes Gesicht zu machen.

Knapp zwei Monate später waren die Blumen in voller Blüte. Wunderschön bunt. Marleen war fast jeden Tag bei ihnen und sprach ihre Wünsche.

"Mama, wann erfüllen sich denn meine Wünsche. Mama, die Zauberblumen haben noch nicht gezaubert."

Eine Woche später, es war Marleens Geburtstag. Total aufgeregt kam sie schon morgens früh ins Wohnzimmer, wo bereits die große Schwester und die Eltern auf sie warteten und ihr ein "Happy Birthday" sangen. Neben dem Kuchen für sie lag ein neues Spiel, das hieß Labyrinth, ein neuer Fahrradhelm passend zu ihrem schicken Fahrrad und es gab einen Teller mit allerlei Süßigkeiten drauf. Dann entdeckte Marleen neben dem Kuchen ein Geschenk. Sie riss das dem Papier auf und zum Vorschein kam…. eine neue Barbiepuppe. "Hurra, hurra, die wollte ich haben, genau die" rief sie aufgeregt.

Marleen schaute noch auf und unter den Tisch, auf den Stuhl, aber nirgends war ein Einhorn zu sehen. Sie war doch etwas enttäuscht als ihre große Schwester Hannah zu ihr hintrat und ihr einen Gutschein schenkte, worauf stand: Für meine kleine Schwester. Hast du Lust mit mir Minigolf spielen zu gehen oder möchtest du ins Schwimmbad. Ich würde mich freuen und dich begleiten. Bitte kreuze an, was du magst. Herzlichen Glückwunsch zu deinem Geburtstag, ich hab dich dolle lieb! Mit ausgestreckten Armen lief Marleen auf Hannah zu und drückte sie ganz lieb. Dann gab sie ihr einen dicken Kuss auf die Backe." Toll, toll, ich freu mich sehr, denn das hab ich mir doch so sehr gewünscht" brach es aus ihr hervor.

Nach dem Frühstück wurde es Zeit in den Kindergarten zu gehen. Heute brachte Papa Marleen dorthin. Sie nahm ihren Kindergartenrucksack und schon ging es los.

"Bis heute Mittag Schatz" rief Papa ihr noch nach, doch Marleen war in Gedanken und hörte ihn nicht mehr.

Sie zog ihren Anorak aus, öffnete noch schnell ihren Rucksack um zu sehen, ob Mama ihr Kuchen eingepackt hatte für die Freundinnen.

Was ist das denn? Ein Geschenk? Hier in meinem Rucksack?

Sie nahm das Päckchen heraus, packte es aus dem Geschenkpapier und zum Vorschein kam ein weißes Plüscheinhorn mit goldenem Sattel. Das neue Modell, das sie aus dem Fernsehen kannte.

Marleen stieß einen kleinen Schrei aus und lief schnell in ihre Gruppe, wo die Kinder ihrer Gruppe sie schon erwarteten.

Nach dem Geburtstagslied wollte Frau Wollfeld, die Gruppenleiterin wissen, wie es ihr ginge und ob es etwas Besonderes heute gegeben habe. "Oh ja, meine Zauberblumen haben gezaubert!! Aber das muss ich euch ganz in Ruhe mal erzählen" sagte Marleen aufgeregt mit roten Backen. "Die können das nämlich wirklich!"

ZUM KAFFEE NACH PARIS

Sie waren jung, verliebt und meinten wie alle jungen Menschen, die Welt aus den Angeln heben zu können.

Uschi, die Krankenschwester und Alfred, der Berufssoldat. Seit einem halben Jahr waren sie zusammen. Durch die vielen Lehrgänge an unterschiedlichen Standorten der Bundeswehr und ihrem Wechseldienst im Krankenhaus waren gemeinsame Wochenenden nicht selbstverständlich.

Umso intensiver nutzen sie die Zeit an freien Samstagen und Sonntagen zu gemeinsamen Unternehmungen

Nun stand wieder ein gemeinsames Wochenende an und Alfred fragte, ob Uschi sich schon etwas dafür überlegt hätte.

„Lass uns doch nach Paris fahren, einfach so zum Kaffee trinken. Was hältst du davon?" fragte sie mit leuchtenden Augen.

„Nach Paris, einfach so? Weißt du wie weit das ist mit dem Auto? Ich weiß nicht so recht" reagierte Alfred nachdenklich.

„Wir könnten auf den Eifelturm, über den Montmartre schlendern oder shoppen gehen. Das wäre doch cool. Mein Schulfranzösisch hilft uns für die Verständigung. Bitte, lass uns nach Paris fahren."

Diesem euphorischen Tonfall und dem Augenaufschlag konnte er nicht widerstehen. So wurden abends kurzerhand die Reisepässe gerichtet, ein Stadtführer eingepackt, das Auto vollgetankt und vorher noch Geld umgetauscht, bevor in der Nacht die Reise nach Paris losging.

Paris, Stadt der Liebe, Weltstadt mit Herz, wunderbar. Uschi gab sich den Gedanken daran hin und übte innerlich schon mal einige Worte französisch. Was würde dieser Tag wohl bringen?

Eine große Vorfreude ließ ein Lächeln um ihre Mundwinkel entstehen.

Vom Dunkel der Nacht in die Helle des Tages fuhren sie morgens in Paris ein. Reger Verkehr herrschte bereits auf den Zufahrtsstraßen der Innenstadt.

„Schau mal dort, der Eifelturm und da hinten, siehst du es, das ist der Montmartre. Da steht die Kirche Sacre Coer. Es wäre schön, wenn wir es schafften heute dorthin zu kommen."

Vor Begeisterung dessen was sie sah, fehlten ihr fast schon die Worte alles zu beschreiben. Sie war sowohl be als auch gerührt, glücklich und aufgeregt beim Anblick der Stadt mit ihren vielen Bauwerken.

Eine Tiefgarage bot Parkmöglichkeit in der Innenstadt. Nun galt es erst einmal ein Cafe zu finden. Zum Glück mussten sie nicht lange suchen. Gleich um die Ecke der Tiefgarage lud ein gepflegt aussehendes Cafe mit Tischen und Stühlen vor dem Eingang auf dem Trottoir zum Rasten ein. Die vorbeifahrenden Autos der mehrspurigen Fahrbahn störten nicht.

Der Kaffee schmeckte köstlich. Er wurde in einer großen Tasse mit einem noch warmen Croissant und Marmelade serviert. Uschi schwebte auf Wolke sieben und sah, dass auch Alfred sich sehr wohl fühlte.

Nach dem Kaffee begannen die beiden mit der Stadterkundung.

Zuvor hatten sie sich Baguettes gekauft für unterwegs. Von einer großen Plattform aus sahen sie auf den Eifelturm. Auf der Plattform boten viele Künstler, Akrobaten und Gaukler eine vielfältige Show.

„Komm, wir fahren hinauf Richtung der Spitze..“ rief Uschi. Schon kurze Zeit später standen sie in einer überschaubaren Schlange von Menschen an der Kasse, um hinauf auf die obere Plattform des Turmes zu gelangen. Unvergesslich diese Aussicht von hier aus. Die Ausmaße der Stadt zeigten, was es heißt eine Weltstadt zu sein. Man sah von hier aus die meisten der Wahrzeichen dieser Stadt. Es war ein Traum, der gerade in Erfüllung ging. Das Herz klopfte heftig vor Aufregung und die Seele fühlte sich pudelwohl, damals im Paris der 70ger Jahre. Die Menschen trugen

Schlaghosen, viele Frauen Schlapphüte auf dem Kopf und große Sonnenbrillen nahmen die Hälfte des Gesichtes ein.

Nach Besichtigung des Eifelturmes ging es Richtung Kaufhaus La Fayettes, eines der größten in Europa.

Ein Muss für alle, die mal anders shoppen wollen und genau das wollte Uschi jetzt tun.

Eine riesige Glaskuppel im Jugendstil zierte die Mitte des Gebäudes und man musste die Ausmaße dieses Gebäudes nach dem Betreten erst mal auf sich wirken lassen, bevor man sich in eine Abteilung begab.

Uschi fand, dass wenn sie schon hier ist, sie einen Lippenstift von Yves Saint Laurent, einem Modeschöpfer mit berühmtem Namen kaufen möchte. Damals schon sündhaft teuer, aber auch etwas, was nicht jeder in seiner Kosmetiktasche hatte.

Im obersten Stock der Galerie war ein bestuhltes Flachdach, auf dem man freie Sicht auf die nahegelegene Opera und den Montmartre hat. Es ist wie ein Tag in einer anderen Welt, meinten beide lächelnd.

Dann bummelten sie eng umschlungen weiter zum Montmartre, den sie nach Besichtigung der Kirche Sacre Coeur aufsuchten. Das Künstlerviertel hier oben in Paris war übersät mit Malern, die mit ihren Staffeleien auf Kundschaft warteten. In Öl, Pastell oder in Kreide konnte man sich hier portraitieren lassen gegen ein, für damalige Verhältnisse, geringes Entgeld.

Uschi nahm auf einem kleinen Stuhl Platz, nachdem sie einen Preis ausgehandelt hatte mit dem Künstler und ließ ihr Konterfei in Kohle und Kreide auf ein Stück Pappkarton zaubern.

Mit dem Konterfei im Rucksack ging es anschließend weiter, bergab zum Pigalle, der sündigen Meile von Paris.

Toulouse Lautrec, ein berühmte Maler der Stadt und als Künstler von Uschi sehr verehrt, hielt sich einst hier auf. Hier hatte er gelebt, geliebt und gelitten. Ihr war es, als ginge sie gerade in seinen Fußspuren durch seine Stadt.

Zum Abschluss dieses traumhaften Tages schloss sich eine kleine Schiffsfahrt auf der Seine noch an. Unter zahlreichen Brücken entlang an der ehrwürdigen Kathedrale Notre Dame, erlebten sie noch einen unvergesslichen Sonnenuntergang, der die Stadt der Liebe in rotes Licht tauchte, bevor es am späten Abend mit einem Baguette im Rucksack wieder heimwärts ging.

Ein Lichtermeer der Großstadt verabschiedete die beiden, für die Paris nicht nur ein Traum war der in Erfüllung ging, sondern sie spürten auch die Liebe dieser Stadt, die sich wie ein Umhang um sie legte.

Noch oft besuchten sie in späteren Jahren diese schöne Stadt im Andenken an ihre erste Fahrt dorthin. Damals, nur zum Kaffeetrinken.

Ursula Burckhardt wurde 1955 geboren und lebt heute an der Mosel. Bevor sie ihr Talent des Schreibens entdeckte, erlernte sie den Beruf der Krankenschwester.

Dieser Band erzählt Geschichten über die Natur, das kunterbunte Leben und erstmals Begegnungen mit Naturgeistern und deren Botschaften für den Menschen.

Besuchen Sie mich gerne auf meiner Homepage:
www.ursula-burckhardt.de